QUESTION TIME
질문타임

© Copyright, 2024 조익수

이 책은 도서출판 실버버킷이 발행한 것으로
허락없이 이 책의 일부 또는 전체를 복사하거나
전재하는 행위를 금합니다.

QUESTION TIME

자신을 발견하고 진로를 설계하는 자기 탐구 방법

질문타임

조익수 지음

SILVER BUCKET

PROLOGUE
프롤로그

어느 주말, 나에게 던져진 질문과 그 생각을 정리하기 위해 한산한 카페에 자리를 잡았다.

'책을 선택한 독자들에게 이 책을 어떻게 소개해야 할까?'

남들과 다를 것 없는 학창 시절을 보내고, 대학을 졸업했다. 군대는 장교로 가기로 한 나는 차량 정비와 운전을 가르치는 운전병 양성 부대에서 첫 근무를 시작했는데, 누군가의 자기소개서를 보게 된 것은 이때부터였다. 자신의 인생 중 입대 전까지를 소개하는 이 글은 보통 A4용지 한 장에서 두 장 내외였고 글을 확인한 후에는 작성자와 이야기를 나누는 시간을 가지고 그 내용을 상담 일지에 기재 했었다.

돌이켜 보면 그것은 어떤 한 사람에게 구체적인 질문을 하게 된 시작점이었다. 이전까지만 해도 주로 질문을 받는 입장이었다. 초등학교, 중학교, 고등학교 기간에는 꿈이 무엇인지, 무엇을 좋아하는지, 어떤 직업을 가지고 싶은지 등 부모님이나 선생님과 같은 어른들에게 이런 질문을 많이 받았다. 대학 시절도 큰 차이는 없었지만 조금 달라진 점을 꼽아보자면 이때는 고민하는 시간을 통해 스스로 질문을 했다는 것이다. 대표적으로 '졸업한 이후에 난 무엇을 해야 하나?', '사회에서 어떤 일이 나에게 맞을까?', '어떤 일을 할 수 있을까?' 등 내 미래 모습에 대한 두려움, 명확하지 않은 상황에 대한 질문들이었다. 왜 그런 질문들을 했을까 생각해 보면 이렇게 질문하는 시간을 통해 나에게 필요한 것들을 알아내고, 해결하는 데 도움 되는 이야기를 듣기 위해 수많은 질문을 던졌던 것이 아닐까.

그리고 취업과 진로에 관련된 일을 시작하고 약 20년의 기간 동안 취업 준비생과 구직자들의 입사지원서를 보는 기회가 많아졌다. 그들이 원하는 성공을 위해 도움을 주는 컨설턴트 역할을 하며 이력서와 자기소개서 작성을 돕기 위해 질문을 하고 답을 들었다. 그러면서 특히 진로를 고민하는 사람들을 만날 때는 어린 시절, 부모님 그리고 현재의 생활까지 다양한 질문을 하게 되었다. 재직자와 퇴직자분들을 만날 때는 이직을 돕기 위하여 이제까지 쌓아온 경력에 대한 질문을 했고, 퇴직 이후 삶에 대한 고민을 돕고자 제2의 인생 방향과 경제적인 면처럼 추가로 확인해야 하는 부분과 준비하는 데 필요한 질문들을 하게 되었다. 이렇게 만난 분들의 시기, 입장, 상황에 도움을 주려는 최선의 방법 제시, 사고의 전환, 두려움 해소, 실천 행동 등을 끌어내는 데 집중했다. 그런데 어느 날, 내게 취업 면접 지도를 받았던한 학생이 최종 합격 통보를받았다는 반가운 메시지를 보내왔는데 그것을 보며

불현듯 '어떻게 질문해야 하는가?'라는 고민이 생겼다.

∙∙∙

*컨설팅을 통해 방향을 잡을 수 있었고,
제 자신에 대해 치열하게 고민한 결과 합격할 수 있었습니다.
감사합니다.*

∙∙∙

나를 붙잡은 것은 바로 이 문장이었다. 이전에 최종 면접 실패 경험이 있었고, 학교생활을 포함한 모든 취업 준비를 열심히 해왔으며, 최종면접이라는 관문에 해결책이 필요했던 학생이었다. 그래서 컨설팅 당시 그 친구에게 더 다양한 질문들을 던졌던 것이 떠올랐다. 그랬다. 내가 직접적으로 이 친구에게 해결책을 제시한 것이 아니라 그저 그 친구가 가지고 있는 것들을 자신이 잘 표현할 수 있도록 끌어내는 역할을 했을 뿐이었다.

우리는 미래의 방향을 설정하기 위해 어딘가로부터 또 누군가에게서 조언을 얻고 질문도 받게 된다. 그런데 맹점은 이 조언과 질문들은 '이야기를 하는 사람이 경험한 상황이 기반 되어 만들어진 질문'이라는 것이다. 그래서 이 조언과 질문이 상대에게 적절하게 혹은 있는 그대로 받아들여지는 것에는 무리가 있다 생각하게 됐다. 그래서 받은 조언과 질문을 자기 것으로 만드는 투자의 시간이 필요하다는 점이 확고해졌다.

큰 노력을 통해 얻게 된 가치 있는 것들을 "자기화" 하기 위해서는 〈Self 질문 만들기〉 작업이 필수적인데 이를 수월하게 돕고자 7개의 영역, 111가지의 질문을 담아 책을 만들게 됐다. 이 같은 결과물을 만들기 위해 진로에 대한 질문이 생각날 때마다 메모, SNS에 게시했는데 글을 작성하는 오늘을 기준으로 820여 개의 질문 게시글이 있고 이 데이터가 기반이 되었다. 또한 모든 질문은 일상 속 내 생각과 사고의 말투로 작성된 것이기에 때로는 어색하게 느껴지거나 질문의 내용을 한 번에 파악하기 어려울 수 있는데, 만약 그런 HELP 질문을 만난다면 이렇게도 표현이 가능하다는 것을 생각해 주면 좋겠다.

제시한 질문에 대해 생각해 보고, 질문과 관련된 단어들을 연상해 보면 이 질문에 대해 자신만의 답을 제시하는 데 도움이 되리라 생각한다. 대게 질문은 문장 부호로 '물음표(?)'가 있어야 한다고 생각할 수 있으나, 질문이 물음표가 아닌 '마침표(.)'로 끝날 때 물음에 답을 해야 한다는 관념에서 벗어나 또 다른 자유로운 전개와 접근이 가능하다고 생각하기에 어떤 HELP 질문은 마침표로 끝나기도 한다. 물음표가 없는데 이게 무슨 질문이야 하는 생각은 열린 모든 가능성을 위하여 이 책을 마주하는 동안 잠시 접어뒀으면 한다. 그러고 나서 자신만의 질문을 위해 시점, 대상, 입장이라는 조건을 순서대로 고려해 보면 되는데 이 과정은 질문을 만드는데 어려움을 줄 일 수 있을 것이다. 마지막으로 이 질문을 통해 얻고자 하는 것이 무엇인지 생각해 보는 시간을 가져볼 것이다.

그 결과로 질문에 대한 답을 찾을 수도 있고 그렇지 못할 수도 있다. 하지만 질문은 답을 내리지 않아도 그 자체로 강력한 변화를 일으키기에 적어도 질문 이후에 무엇을 해야 하는지 실마리는 찾을 수 있을 것이라 확신한다. 책 속 단 한 가지 질문이라도 좋다. '당신에게 이 질문은 무엇을 하게 하나요?'라는 질문에 무엇이든 이야기할 수 있다면 당신은 진로의 '물음'에서 벗어나 인생의 방향을 스스로 결정하고 앞으로 한 걸음 나아간 것임을 기억해야 한다.

나만의 질문을 만들어보기로 결정했나요?
그럼 지금부터 질문의 여정을 출발해 봅시다!

CONTENTS
목차

PROLOGUE
009 **프롤로그**

HOW TO USE
016 **질문타임 활용법**

PART 1.
019 **미래** Future

PART 2.
065 **변화** Change

PART 3.
105 **동기** Motivation

PART 4. 139　**시작** Start	EPILOGUE 255　**에필로그**
PART 5. 173　**방법** Method	257　**진로송**
PART 6. 217　**함께** Together	
PART 7. 237　**목표** Goal	

HOW TO USE
질문타임 활용법

01
HELP 질문을
천천히 읽는다.

112

'물음표'로 끝나는 질문이 아닌
'마침표'로 끝나는 질문을 만들어 보세요.
답을 찾지 않아도 된다는 생각에 가벼워 집니다.

02
질문에 대한
자신의 생각을
적는다.

MY THINKING 나의 생각

03
자신의 생각을
적기 전, 참고
사항이 필요
하다면 작가의
생각을 읽는다.

CHO's THINKING 조의 생각

SELF INTERVIEW

FOR 무엇을 위한 질문인가요?

☐ 자신　　☐ 상대　　☐ 상황　　☐ 기타

WHAT 질문은 어떤 영역에 해당하나요?

☐ 생각　　☐ 일상　　☐ 일　　☐ 기타

WHEN 이 질문이 필요한 시점은 언제인가요?

☐ 과거　　☐ 현재　　☐ 미래　　☐ 특정시점

HOW 질문으로 어떤 효과를 원하나요?

☐ 듣다　☐ 기억하다　☐ 찾다　☐ 보다　☐ 멈추다　☐ 움직이다

QUESTION 나만의 질문 만들기

KEYWORD 질문의 탄생을 돕는 단어

04
질문 작성을 위해
생각할 4가지 조건을
단계별로 선택한다.

05
자신이 생각하는 질문을
선택한 조건과 함께
머릿속으로 정리 해본다.

06
선택한 조건과
정리한 생각을 바탕으로
자신만의 질문을
적는다.
*만약 질문을 만들기가
어렵다면 HELP 질문을
그대로 적고 4가지 조건을
선택한다.

+
help 질문과 연관된
단어를 참고한다.

+
Self 질문을 만들었다면
그다음 무엇을 할지 예상
해본다.

+
자신이 만든 질문에 대해
사람들과 이야기 나눠
본다.

진로는 기다려지는 시간을 만드는 것이다.
현재 우리의 미래를 알 수는 없지만, 우리의 고민하는 시간이
상상으로 끝나는 미래가 아닌 현실에 가까운 미래를 만들어 줄 것이다.

PART. 1
미래

001

많은 선택지가 있다는 것은
그만큼 많은 '노력'을 했다는 뜻입니다.
'선택지'
당신에게는 이 단어가 어떻게 느껴지나요?

MY THINKING 나의 생각

CHO's THINKING 조의 생각

살아오면서 우리는 수많은 선택을 해왔습니다. 지금 나에게 주어진 선택지가 많다는 것은 다양한 선택을 마다하지 않고 열심히 살아왔다는 뜻이기도하죠. 당신이 선택했던 것들 중 내가 노력했다는 것을 알 수 있는 선택들을 기억하고 생각을 떠올려봅시다.

질문은 물음표가 아니라 마침표로 끝나더라도 생각하는 시간을 통해 가벼워집니다.

SELF INTERVIEW

FOR 무엇을 위한 질문인가요?

☐ 자신　　☐ 상대　　☐ 상황　　☐ 기타

WHAT 질문은 어떤 영역에 해당하나요?

☐ 생각　　☐ 일상　　☐ 일　　☐ 기타

WHEN 이 질문이 필요한 시점은 언제인가요?

☐ 과거　　☐ 현재　　☐ 미래　　☐ 특정시점

HOW 질문으로 어떤 효과를 원하나요?

☐ 듣다　☐ 기억하다　☐ 찾다　☐ 보다　☐ 멈추다　☐ 움직이다

QUESTION　나만의 질문 만들기

| |
| |
| |

KEYWORD　질문의 탄생을 돕는 단어

#진로 #선택지 #준비 #여러분 #단어 #좋겠다 #행복한고민 #결과
#발견하자 #발굴하자 #새로운

생각의 팁. 이 질문으로 무엇을 하게 되나요?

PART 1. 미래

PART 2. 변화

PART 3. 동기

PART 4. 시작

PART 5. 방법

PART 6. 함께

PART 7. 목표

002

인생에서 꼭 필요한 시간은
'자신에 대해 생각하는 시간'이다.
오늘도 자신만의 시간을 가져보자.

MY THINKING 나의 생각

CHO's THINKING 조의 생각

자신에 대해 생각하는 시간은 인생에서 꼭 필요한 시간입니다. 누가 시켜서 하는 것이 아니라 스스로 또 주도적으로 자신만의 시간을 가져보는 것은 자신만의 답을 발견하는데 큰 도움이 됩니다.

질문은 물음표가 아니라 마침표로 끝나더라도 생각하는 시간을 통해 가벼워집니다.

SELF INTERVIEW

FOR 무엇을 위한 질문인가요?

☐ 자신   ☐ 상대   ☐ 상황   ☐ 기타

WHAT 질문은 어떤 영역에 해당하나요?

☐ 생각   ☐ 일상   ☐ 일   ☐ 기타

WHEN 이 질문이 필요한 시점은 언제인가요?

☐ 과거   ☐ 현재   ☐ 미래   ☐ 특정시점

HOW 질문으로 어떤 효과를 원하나요?

☐ 듣다   ☐ 기억하다   ☐ 찾다   ☐ 보다   ☐ 멈추다   ☐ 움직이다

QUESTION 나만의 질문 만들기

KEYWORD 질문의 탄생을 돕는 단어

#인생 #자신만의시간 #카페 #정원 #거실 #공원 #박물관 #미술관 #사무실
#야외 #호수 #바다 #해변 #산 #등산 #자전거 #수영장 #경기장 #비행기
#해외여행 #봉사현장 #강변길 #자동차 #소박한 #시간 #갖자

생각의 팁. 이 질문으로 무엇을 하게 되나요?

PART 1. 미래
PART 2. 변화
PART 3. 동기
PART 4. 시작
PART 5. 방법
PART 6. 함께
PART 7. 목표

023

003

무대는 오르는 곳이다.
그곳을 향하는 사람은 준비한다.
어느 곳을 나의 무대로 만들지 결정하자.

MY THINKING 나의 생각

CHO's THINKING 조의 생각

자신이 오르고 싶은 무대를 결정해야 합니다. 그래야 그 무대에 맞는 준비를 할 수 있기 때문이죠. 무대라는 단어를 통해 자신이 가고자 하는 곳을 생각해 보는 것은 어떨까요?

질문은 물음표가 아니라 마침표로 끝나더라도 생각하는 시간을 통해 가벼워집니다.

SELF INTERVIEW

FOR 무엇을 위한 질문인가요?

☐ 자신　　☐ 상대　　☐ 상황　　☐ 기타

WHAT 질문은 어떤 영역에 해당하나요?

☐ 생각　　☐ 일상　　☐ 일　　☐ 기타

WHEN 이 질문이 필요한 시점은 언제인가요?

☐ 과거　　☐ 현재　　☐ 미래　　☐ 특정시점

HOW 질문으로 어떤 효과를 원하나요?

☐ 듣다　☐ 기억하다　☐ 찾다　☐ 보다　☐ 멈추다　☐ 움직이다

QUESTION 나만의 질문 만들기

```
























```

KEYWORD 질문의 탄생을 돕는 단어

#무대 #오르다 #준비 #사회 #자신의무대 #결정 #진로 #반복 #플랫폼 #가상 #메타버스 #아바타 #그자리

생각의 팁. 이 질문으로 무엇을 하게 되나요?

PART 1. 미래
PART 2. 변화
PART 3. 동기
PART 4. 시작
PART 5. 방법
PART 6. 함께
PART 7. 목표

004

진로는 구체적이지 않다는 점 보다 '이유'가 없을 때 더 어렵다.

MY THINKING 나의 생각

CHO's THINKING 조의 생각

진로를 설정할 때에는 구체성이 아니라 나만의 '이유'가 필요합니다.

SELF INTERVIEW

FOR 무엇을 위한 질문인가요?

☐ 자신   ☐ 상대   ☐ 상황   ☐ 기타

WHAT 질문은 어떤 영역에 해당하나요?

☐ 생각   ☐ 일상   ☐ 일   ☐ 기타

WHEN 이 질문이 필요한 시점은 언제인가요?

☐ 과거   ☐ 현재   ☐ 미래   ☐ 특정시점

HOW 질문으로 어떤 효과를 원하나요?

☐ 듣다   ☐ 기억하다   ☐ 찾다   ☐ 보다   ☐ 멈추다   ☐ 움직이다

QUESTION 나만의 질문 만들기

| |
| |
| |

KEYWORD 질문의 탄생을 돕는 단어

#진로 #구체적 #이유 #목표 #방향 #어렵다 #지속 #함께 #지켜보자 #급하지않다 #평생

생각의 팁. 이 질문으로 무엇을 하게 되나요?

005

어린이, 청소년, 청년, 중년, 장년, 노년의 시기를 거치면서
자신이 해야 할 역할을 생각하고, 갖추게 된다.
인생의 흐름은 상승곡선으로 꼭짓점을 찍고 내려온다.
멀리 봐야 한다는 말이다.

MY THINKING 나의 생각

CHO's THINKING 조의 생각

진로를 고민할 때에는 어느 특정한 시기만을 고려하기보다는 전체를 보는 힘을 길러야 합니다. 그래야만 자신의 역할을 알고 준비하며, 해야 할 일들을 고민할 수 있기 때문이죠.

질문은 물음표가 아니라 마침표로 끝나더라도 생각하는 시간을 통해 가벼워집니다.

SELF INTERVIEW

FOR 무엇을 위한 질문인가요?

☐ 자신   ☐ 상대   ☐ 상황   ☐ 기타

WHAT 질문은 어떤 영역에 해당하나요?

☐ 생각   ☐ 일상   ☐ 일   ☐ 기타

WHEN 이 질문이 필요한 시점은 언제인가요?

☐ 과거   ☐ 현재   ☐ 미래   ☐ 특정시점

HOW 질문으로 어떤 효과를 원하나요?

☐ 듣다   ☐ 기억하다   ☐ 찾다   ☐ 보다   ☐ 멈추다   ☐ 움직이다

QUESTION 나만의 질문 만들기

KEYWORD 질문의 탄생을 돕는 단어

#어린이 #청소년 #청년 #중년 #장년 #노년 #시기 #역할 #상승곡선
#하향곡선 #꼭지점 #인생의흐름 #멀리보자 #깨닫다 #진로 #인생 #설계

생각의 팁. 이 질문으로 무엇을 하게 되나요?

006

새로운 시작을 알리는 것에는 무엇이 있을까?
오늘을 알려주는 달력의 숫자가 달라졌다.
하루하루 기회가 주어졌다고 생각하자.

MY THINKING 나의 생각

CHO's THINKING 조의 생각

하루하루는 새로운 시작과 같죠. 무엇이든 시도할 수 있는 기회가 주어졌다고 생각해 봅시다!

질문은 물음표가 아니라 마침표로 끝나더라도 생각하는 시간을 통해 가벼워집니다.

SELF INTERVIEW

FOR 무엇을 위한 질문인가요?

☐ 자신　　☐ 상대　　☐ 상황　　☐ 기타

WHAT 질문은 어떤 영역에 해당하나요?

☐ 생각　　☐ 일상　　☐ 일　　☐ 기타

WHEN 이 질문이 필요한 시점은 언제인가요?

☐ 과거　　☐ 현재　　☐ 미래　　☐ 특정시점

HOW 질문으로 어떤 효과를 원하나요?

☐ 듣다　☐ 기억하다　☐ 찾다　☐ 보다　☐ 멈추다　☐ 움직이다

QUESTION 나만의 질문 만들기

　

KEYWORD 질문의 탄생을 돕는 단어

#시작 #숫자1 #달력 #숫자 #매일 #기회 #실패 #도전 #만회 #성장 #행복
#즐거움 #웃음 #건강 #함께 #알려주자

생각의 팁. 이 질문으로 무엇을 하게 되나요?

007

입학과 졸업은 시작을 위한 준비 기간이다.
취업과 이직은 진행 중인 상황이고,
퇴직은 또 다른 준비 시점이다.
모든 순간 중심에는 '나'가 있어야 한다.

MY THINKING 나의 생각

CHO's THINKING 조의 생각

전 생애에 걸쳐 진로에서 마주하는 특정 시점들이 마지막 종점이 아닌 시작의 순간이라는 점을 아시나요? 그 시점마다 어느 누구도 아닌 나 자신이 중심이 되어야 합니다.

SELF INTERVIEW

FOR   무엇을 위한 질문인가요?

☐ 자신   ☐ 상대   ☐ 상황   ☐ 기타

WHAT   질문은 어떤 영역에 해당하나요?

☐ 생각   ☐ 일상   ☐ 일   ☐ 기타

WHEN   이 질문이 필요한 시점은 언제인가요?

☐ 과거   ☐ 현재   ☐ 미래   ☐ 특정시점

HOW   질문으로 어떤 효과를 원하나요?

☐ 듣다   ☐ 기억하다   ☐ 찾다   ☐ 보다   ☐ 멈추다   ☐ 움직이다

QUESTION   나만의 질문 만들기

KEYWORD   질문의 탄생을 돕는 단어

#진로 #입학 #졸업 #준비 #취업 #이직 #퇴직 #시작 #진행 #과정 #지속
#중심 #나 #자신

생각의 팁. 이 질문으로 무엇을 하게 되나요?

PART 1. 미래
PART 2. 변화
PART 3. 동기
PART 4. 시작
PART 5. 방법
PART 6. 함께
PART 7. 목표

008

"이게 하고 싶은 거구나."라는
말이 나올 때
당신이 가야 할 방향이 뚜렷해집니다.

MY THINKING 나의 생각

CHO's THINKING 조의 생각

어떤 일을 하면서 '이 일을 하고 싶다'라고 느껴질 때, 그 순간을 기억해야 합니다. 미래의 방향을 설정할 때 그때의 마음을 떠올려야 하거든요.

질문은 물음표가 아니라 마침표로 끝나더라도 생각하는 시간을 통해 가벼워집니다.

SELF INTERVIEW

FOR 무엇을 위한 질문인가요?

☐ 자신　　☐ 상대　　☐ 상황　　☐ 기타

WHAT 질문은 어떤 영역에 해당하나요?

☐ 생각　　☐ 일상　　☐ 일　　☐ 기타

WHEN 이 질문이 필요한 시점은 언제인가요?

☐ 과거　　☐ 현재　　☐ 미래　　☐ 특정시점

HOW 질문으로 어떤 효과를 원하나요?

☐ 듣다　☐ 기억하다　☐ 찾다　☐ 보다　☐ 멈추다　☐ 움직이다

QUESTION 나만의 질문 만들기

KEYWORD 질문의 탄생을 돕는 단어

#첫걸음 #되돌아보다 #경험 #마음 #끌림 #매력 #이거구나 #해봐야안다 #한다 #당신 #방향 #뚜렷함

생각의 팁. 이 질문으로 무엇을 하게 되나요?

PART 1. 미래

009

경쟁 속에 들어가면 '나다움'을 잃어버린다.
이 혼돈 속에서 나오는 방향을 찾는 데는
그 이유를 찾아야 한다.

MY THINKING 나의 생각

CHO's THINKING 조의 생각

그럴 때가 있습니다. 열심히 하다 보면 자신이 처음 생각했던 것이 뒷전이 되는 때 말이죠. 처음을 잃었을 때 우리는 그저 경쟁에서 살아남아야 한다는 생각만을 갖게 됩니다. 그런데 이 경쟁의 틈바구니에서 벗어나는 법을 아시나요? 바로 '나의 이유'를 명확히 하는 것입니다.

질문은 물음표가 아니라 마침표로 끝나더라도 생각하는 시간을 통해 가벼워집니다.

SELF INTERVIEW

FOR 무엇을 위한 질문인가요?

☐ 자신   ☐ 상대   ☐ 상황   ☐ 기타

WHAT 질문은 어떤 영역에 해당하나요?

☐ 생각   ☐ 일상   ☐ 일   ☐ 기타

WHEN 이 질문이 필요한 시점은 언제인가요?

☐ 과거   ☐ 현재   ☐ 미래   ☐ 특정시점

HOW 질문으로 어떤 효과를 원하나요?

☐ 듣다   ☐ 기억하다   ☐ 찾다   ☐ 보다   ☐ 멈추다   ☐ 움직이다

QUESTION   나만의 질문 만들기

KEYWORD   질문의 탄생을 돕는 단어

#경쟁 #나다움 #진로 #잃다 #방향 #이유 #찾자 #그곳에있는이유
#나를찾는이유 #참여한이유 #지속해야하는이유

PART 1. 미래
PART 2. 변화
PART 3. 동기
PART 4. 시작
PART 5. 방법
PART 6. 함께
PART 7. 목표

생각의 팁. 이 질문으로 무엇을 하게 되나요?

010

"자기이해"를 위해서는
자신과의 신뢰를 쌓아야 한다.
작은 것부터 시작하자.

MY THINKING 나의 생각

CHO's THINKING 조의 생각

나에 대해 아는 것이 많을수록 자신을 믿고 실행에 옮기는 힘도 커집니다. 그러니 나를 이해하기 위한 작은 것부터 찾아봅시다.

SELF INTERVIEW

FOR   무엇을 위한 질문인가요?

☐ 자신   ☐ 상대   ☐ 상황   ☐ 기타

WHAT   질문은 어떤 영역에 해당하나요?

☐ 생각   ☐ 일상   ☐ 일   ☐ 기타

WHEN   이 질문이 필요한 시점은 언제인가요?

☐ 과거   ☐ 현재   ☐ 미래   ☐ 특정시점

HOW   질문으로 어떤 효과를 원하나요?

☐ 듣다   ☐ 기억하다   ☐ 찾다   ☐ 보다   ☐ 멈추다   ☐ 움직이다

QUESTION   나만의 질문 만들기

KEYWORD   질문의 탄생을 돕는 단어

#취업 #진로 #자기이해 #신뢰 #작게 #가까이 #시작 #알아내다 #분석
#찾다 #무엇으로 #스타트 #직접 #행동

생각의 팁. 이 질문으로 무엇을 하게 되나요?

011

자신이 '복귀'할 곳을 찾았는가?
지금부터 그곳을 가장 좋은 곳, 그리운 곳,
힘이 되는 곳으로 만들라.

MY THINKING 나의 생각

CHO's THINKING 조의 생각

멈춤 그리고 고민의 순간에는 자신이 있어야 할 곳에 대해 생각하게 됩니다. '복귀'라는 단어를 통해 내가 지금 있는 곳을 생각해 볼까요? 아마 다시 돌아갈 곳을 떠올리기보다는 현재 있는 곳을 가장 좋은 곳으로 만들 수 있는 방법을 찾는 편이 좋겠습니다. 우리는 현재를 살아야 하니까요.

질문은 물음표가 아니라 마침표로 끝나더라도 생각하는 시간을 통해 가벼워집니다.

SELF INTERVIEW

FOR　무엇을 위한 질문인가요?

☐ 자신　　☐ 상대　　☐ 상황　　☐ 기타

WHAT　질문은 어떤 영역에 해당하나요?

☐ 생각　　☐ 일상　　☐ 일　　☐ 기타

WHEN　이 질문이 필요한 시점은 언제인가요?

☐ 과거　　☐ 현재　　☐ 미래　　☐ 특정시점

HOW　질문으로 어떤 효과를 원하나요?

☐ 듣다　☐ 기억하다　☐ 찾다　☐ 보다　☐ 멈추다　☐ 움직이다

QUESTION　나만의 질문 만들기

```
[                                                           ]
```

KEYWORD　질문의 탄생을 돕는 단어

#청춘 #20대 #복귀 #50대 #60대 #후회할때 #힘들때 #좋을때 #혼자
#힘이되는곳 #기댈수있는곳 #그리운곳 #돌아갈곳

생각의 팁. 이 질문으로 무엇을 하게 되나요?

012

노력은 고민이 낳은 결과가 아닐까?
우선 나만의 시간을 갖자.
이 시간은 선택을 위한 시간이다.

MY THINKING 나의 생각

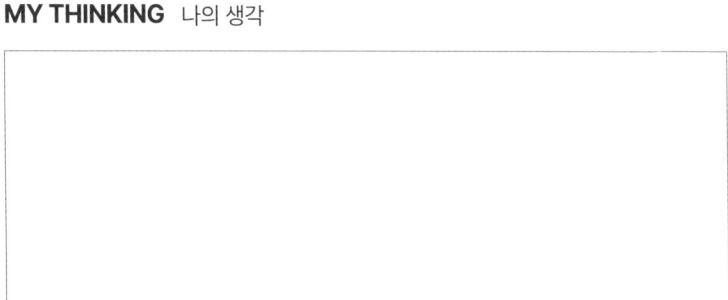

CHO's THINKING 조의 생각

노력이라는 것은 행동을 이끌어 내기도 하고, 결과를 보여주기도 합니다. 이렇게 되기 위해서는 고민의 시간이 필요합니다. 물론 이 시간은 자신이 선택해야 합니다.

SELF INTERVIEW

FOR 무엇을 위한 질문인가요?

☐ 자신   ☐ 상대   ☐ 상황   ☐ 기타

WHAT 질문은 어떤 영역에 해당하나요?

☐ 생각   ☐ 일상   ☐ 일   ☐ 기타

WHEN 이 질문이 필요한 시점은 언제인가요?

☐ 과거   ☐ 현재   ☐ 미래   ☐ 특정시점

HOW 질문으로 어떤 효과를 원하나요?

☐ 듣다   ☐ 기억하다   ☐ 찾다   ☐ 보다   ☐ 멈추다   ☐ 움직이다

QUESTION 나만의 질문 만들기

| |
| |
| |

KEYWORD 질문의 탄생을 돕는 단어

#고민 #결과 #생각 #방법 #시간 #방향 #진로 #학창시절 #직장생활
#직무수행 #선택을위한시간

생각의 팁. 이 질문으로 무엇을 하게 되나요?

PART 1. 미래
PART 2. 변화
PART 3. 동기
PART 4. 시작
PART 5. 방법
PART 6. 함께
PART 7. 목표

013

방향 설정 중 투자해야 할 한 가지는
상대방 말을 듣기 위해 시간을 내는 것이다.

MY THINKING 나의 생각

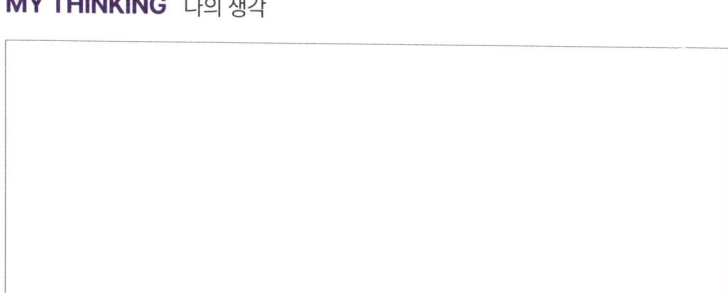

CHO's THINKING 조의 생각

진로 방향 설정 시 혼자 하는 것이 아닌 누군가의 말을 듣는 것도 중요합니다.

질문은 물음표가 아니라 마침표로 끝나더라도 생각하는 시간을 통해 가벼워집니다.

SELF INTERVIEW

FOR　무엇을 위한 질문인가요?

☐ 자신　　☐ 상대　　☐ 상황　　☐ 기타

WHAT　질문은 어떤 영역에 해당하나요?

☐ 생각　　☐ 일상　　☐ 일　　☐ 기타

WHEN　이 질문이 필요한 시점은 언제인가요?

☐ 과거　　☐ 현재　　☐ 미래　　☐ 특정시점

HOW　질문으로 어떤 효과를 원하나요?

☐ 듣다　☐ 기억하다　☐ 찾다　☐ 보다　☐ 멈추다　☐ 움직이다

QUESTION　나만의 질문 만들기

```




```

KEYWORD　질문의 탄생을 돕는 단어

#방향 #진로 #투자 #상대 #시간 #고민 #생각정리 #의견 #해결 #계획 #실행 #의지 #다른시선 #만남 #친구 #멘토 #가족

생각의 팁. 이 질문으로 무엇을 하게 되나요?

014

시스템 속에서는 선택이라는 결정을 빠르게 해 준다.
그래서 내가 원하는 시스템을 설계할 때는
가치가 중요하다.

MY THINKING 나의 생각

CHO's THINKING 조의 생각

내가 희망하는 것들을 만족시킬 수 있는 환경 설계 시 자신이 무엇을 중요하게 생각하는지 그 '가치'를 꼭 생각해 봐야 합니다.

질문은 물음표가 아니라 마침표로 끝나더라도 생각하는 시간을 통해 가벼워집니다.

SELF INTERVIEW

FOR 무엇을 위한 질문인가요?

☐ 자신   ☐ 상대   ☐ 상황   ☐ 기타

WHAT 질문은 어떤 영역에 해당하나요?

☐ 생각   ☐ 일상   ☐ 일   ☐ 기타

WHEN 이 질문이 필요한 시점은 언제인가요?

☐ 과거   ☐ 현재   ☐ 미래   ☐ 특정시점

HOW 질문으로 어떤 효과를 원하나요?

☐ 듣다   ☐ 기억하다   ☐ 찾다   ☐ 보다   ☐ 멈추다   ☐ 움직이다

QUESTION 나만의 질문 만들기

KEYWORD 질문의 탄생을 돕는 단어

#시스템 #선택 #진로 #결정 #빠르다 #설계 #구성 #올바른 #기준 #가치 #중요성 #뭣이중헌디

생각의 팁. 이 질문으로 무엇을 하게 되나요?

PART 1. 미래
PART 2. 변화
PART 3. 동기
PART 4. 시작
PART 5. 방법
PART 6. 함께
PART 7. 목표

015

방향이 설정되어 있지 않다면 노력한 것들을 통해
What(무엇) 때문에 했는지는 알 수 있다.
그러나 Why(왜) 했는지를 알지 못하는 한계에 부딪히며,
How(어떻게) 정의할 것인가라는 문제가 남는다.

MY THINKING 나의 생각

CHO's THINKING 조의 생각

진로를 위한 노력이 의미가 있으려면 WHY(왜)가 있어야 합니다. 그리고 WHAT(무엇)과 HOW(어떻게)를 찾는다면 방향을 잃지 않을 수 있습니다. 이것이 잘 정립되어 있다면 설령 방향이 바뀌더라도 자신의 노력에는 변화가 없는 법입니다.

질문은 물음표가 아니라 마침표로 끝나더라도 생각하는 시간을 통해 가벼워집니다.

SELF INTERVIEW

FOR 무엇을 위한 질문인가요?

☐ 자신   ☐ 상대   ☐ 상황   ☐ 기타

WHAT 질문은 어떤 영역에 해당하나요?

☐ 생각   ☐ 일상   ☐ 일   ☐ 기타

WHEN 이 질문이 필요한 시점은 언제인가요?

☐ 과거   ☐ 현재   ☐ 미래   ☐ 특정시점

HOW 질문으로 어떤 효과를 원하나요?

☐ 듣다   ☐ 기억하다   ☐ 찾다   ☐ 보다   ☐ 멈추다   ☐ 움직이다

QUESTION 나만의 질문 만들기

KEYWORD 질문의 탄생을 돕는 단어

#진로 #방향 #중요성 #노력 #필요성 #갖추기위해 #스펙 #안다 #하지만 #왜 #했을까 #파악어렵다 #그러면 #한계 #드러난다 #만약 #이상황이라면 #어떻게 #정의 #고민 #구체회 #그려보자

생각의 팁. 이 질문으로 무엇을 하게 되나요?

016

경험을 정리하다 보면 열심히 생활한 모습이 보인다.
이 자료에서 why(왜)는 확신을 갖는데 필요하기 때문이다.
나의 경험은 무엇을 위한 노력이었는가?

MY THINKING 나의 생각

CHO's THINKING 조의 생각

자신이 하려고 하는 것들에 대한 확신이 필요합니다. 확신 갖게 하는 이유가 명확하면 아주 큰 도움이 됩니다.

질문은 물음표가 아니라 마침표로 끝나더라도 생각하는 시간을 통해 가벼워집니다.

SELF INTERVIEW

FOR 무엇을 위한 질문인가요?

☐ 자신　　☐ 상대　　☐ 상황　　☐ 기타

WHAT 질문은 어떤 영역에 해당하나요?

☐ 생각　　☐ 일상　　☐ 일　　☐ 기타

WHEN 이 질문이 필요한 시점은 언제인가요?

☐ 과거　　☐ 현재　　☐ 미래　　☐ 특정시점

HOW 질문으로 어떤 효과를 원하나요?

☐ 듣다　☐ 기억하다　☐ 찾다　☐ 보다　☐ 멈추다　☐ 움직이다

QUESTION 나만의 질문 만들기

![ ]

KEYWORD 질문의 탄생을 돕는 단어

#진로 #취업 #경험 #노력 #학생 #사회인 #생각 #방향 #의지 #목표
#흔적 #이유 #증명 #답하다 #스스로 #인정받다

생각의 팁. 이 질문으로 무엇을 하게 되나요?

017

달리기의 출발 순서는
제자리(Ready), 준비(Set), 출발(Go)이다.
출발은 기록에 큰 영향을 끼친다.
취업 또한 진로 방향 설정에 따라 크게 달라진다.
방향을 잡고 가고 있는가?

MY THINKING 나의 생각

CHO's THINKING 조의 생각

무슨 일을 하든 단계별로 준비해야 합니다. 물론 취업도 한 단계입니다. 이 단계에서 진로 방향 설정이 영향을 끼칠 수밖에 없기 때문에 잘 고려해야 합니다.

SELF INTERVIEW

FOR 무엇을 위한 질문인가요?

☐ 자신   ☐ 상대   ☐ 상황   ☐ 기타

WHAT 질문은 어떤 영역에 해당하나요?

☐ 생각   ☐ 일상   ☐ 일   ☐ 기타

WHEN 이 질문이 필요한 시점은 언제인가요?

☐ 과거   ☐ 현재   ☐ 미래   ☐ 특정시점

HOW 질문으로 어떤 효과를 원하나요?

☐ 듣다   ☐ 기억하다   ☐ 찾다   ☐ 보다   ☐ 멈추다   ☐ 움직이다

QUESTION 나만의 질문 만들기

KEYWORD 질문의 탄생을 돕는 단어

#육상선수 #출발 #순서 #제자리 #준비 #영향 #취업 #진로 #방향 #노력 #의미 #변경 #도전 #힘

생각의 팁. 이 질문으로 무엇을 하게 되나요?

018

자신의 성장과 만족감을 가져다주는 것은
새로운 일이다.
두렵다고 시작하지 않으면, 결과도 없다.

MY THINKING 나의 생각

CHO's THINKING 조의 생각

새로운 시도를 해야 하는 이유입니다. 시작을 위해 성장과 만족감에 대해 생각해 보는 것이 필요합니다.

SELF INTERVIEW

FOR 무엇을 위한 질문인가요?

☐ 자신　　☐ 상대　　☐ 상황　　☐ 기타

WHAT 질문은 어떤 영역에 해당하나요?

☐ 생각　　☐ 일상　　☐ 일　　☐ 기타

WHEN 이 질문이 필요한 시점은 언제인가요?

☐ 과거　　☐ 현재　　☐ 미래　　☐ 특정시점

HOW 질문으로 어떤 효과를 원하나요?

☐ 듣다　☐ 기억하다　☐ 찾다　☐ 보다　☐ 멈추다　☐ 움직이다

QUESTION 나만의 질문 만들기

KEYWORD 질문의 탄생을 돕는 단어

#진로 #취업 #시화 #커리어 #경력 #성장 #만족 #지루함 #새로움
#두려움 #멈춤 #시작 #행동 #결과 #즉시 #후회 #오늘도화이팅

생각의 팁. 이 질문으로 무엇을 하게 되나요?

019

자신의 미래를 설계하는 과정에서 발생하는 두려움을 어떻게 대비해야 할까?

MY THINKING 나의 생각

CHO's THINKING 조의 생각

예측하기 어려운 미래에 대한 두려움은 누구에게나 있습니다. 자신만의 대비 방법이 있어야 합니다.

질문은 물음표가 아니라 마침표로 끝나더라도 생각하는 시간을 통해 가벼워집니다.

SELF INTERVIEW

FOR 무엇을 위한 질문인가요?

☐ 자신   ☐ 상대   ☐ 상황   ☐ 기타

WHAT 질문은 어떤 영역에 해당하나요?

☐ 생각   ☐ 일상   ☐ 일   ☐ 기타

WHEN 이 질문이 필요한 시점은 언제인가요?

☐ 과거   ☐ 현재   ☐ 미래   ☐ 특정시점

HOW 질문으로 어떤 효과를 원하나요?

☐ 듣다   ☐ 기억하다   ☐ 찾다   ☐ 보다   ☐ 멈추다   ☐ 움직이다

QUESTION 나만의 질문 만들기

KEYWORD 질문의 탄생을 돕는 단어

#진로 #미래 #설계 #계획 #두려움 #혼자 #함께 #준비 #핵심 #마음
#의지 #자신 #돌아보다 #찾다 #원인 #이유 #작은것부터

생각의 팁. 이 질문으로 무엇을 하게 되나요?

020

'잘하는 것보다는 잘 지내는 것이 중요합니다.'
오늘 신문을 읽다 발견한 문구이다.
'방향'이 왜 중요한지 깨닫게 한다.
과거의 흔적, 현재의 행동, 미래의 목적을
모두 돌아봐야 하지 않을까?

MY THINKING 나의 생각

CHO's THINKING 조의 생각

매일 반복되는 일을 통해 알게 됩니다. 쌓여있는 것들이 자신에게 알려주는 것이 무엇인지? 되돌아보면 발견할 수 있습니다.

SELF INTERVIEW

FOR 무엇을 위한 질문인가요?

☐ 자신　　☐ 상대　　☐ 상황　　☐ 기타

WHAT 질문은 어떤 영역에 해당하나요?

☐ 생각　　☐ 일상　　☐ 일　　☐ 기타

WHEN 이 질문이 필요한 시점은 언제인가요?

☐ 과거　　☐ 현재　　☐ 미래　　☐ 특정시점

HOW 질문으로 어떤 효과를 원하나요?

☐ 듣다　☐ 기억하다　☐ 찾다　☐ 보다　☐ 멈추다　☐ 움직이다

QUESTION 나만의 질문 만들기

KEYWORD 질문의 탄생을 돕는 단어

#인생 #삶 #진로 #방향 #과거 #현재 #미래 #통합 #이유 #전환 #움직임
#편안함 #좋아하는 것 #피했던 것 #하지않았던 것 #바꿔야할 것 #안정감

생각의 팁. 이 질문으로 무엇을 하게 되나요?

021

조직, 집단은 안정감을 주지만
외부와의 교류가 적을 수밖에 없다.
그렇기에 편하면서, 불안하다.

MY THINKING 나의 생각

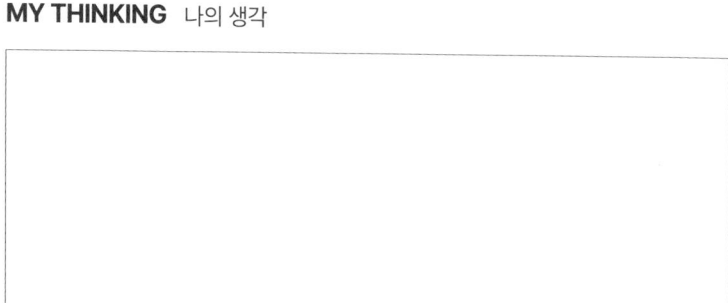

CHO's THINKING 조의 생각

자신의 기준에 따라 선택했던 것이 가져다주는 것에 대한 의미를 알아야
합니다.

SELF INTERVIEW

FOR 무엇을 위한 질문인가요?

☐ 자신   ☐ 상대   ☐ 상황   ☐ 기타

WHAT 질문은 어떤 영역에 해당하나요?

☐ 생각   ☐ 일상   ☐ 일   ☐ 기타

WHEN 이 질문이 필요한 시점은 언제인가요?

☐ 과거   ☐ 현재   ☐ 미래   ☐ 특정시점

HOW 질문으로 어떤 효과를 원하나요?

☐ 듣다   ☐ 기억하다   ☐ 찾다   ☐ 보다   ☐ 멈추다   ☐ 움직이다

QUESTION 나만의 질문 만들기

```
[                                                    ]
```

KEYWORD 질문의 탄생을 돕는 단어

#조직 #집단 #회사 #학교 #안정감 #정년 #입학 #졸업 #교류 #편하다
#그러나 #불안하다 #변화에 #적응에 #지속 #어렵다 #변한다 #마음

생각의 팁. 이 질문으로 무엇을 하게 되나요?

022

OMR 답안지에 마킹할 때 가슴이 떨린다.
때로는 최종 결정 순간의 '긴장감'이 필요하다.
심장박동 수를 높여보자.

MY THINKING 나의 생각

CHO's THINKING 조의 생각

결정의 순간! 그때 조금 더 확실한 감정을 가지고 맞는 선택이라고 느끼기 위해서는 연습이 필요합니다. 진로는 다양한 경험의 선택의 순간이 다가오기 때문입니다.

질문은 물음표가 아니라 마침표로 끝나더라도 생각하는 시간을 통해 가벼워집니다.

SELF INTERVIEW

FOR 무엇을 위한 질문인가요?

☐ 자신   ☐ 상대   ☐ 상황   ☐ 기타

WHAT 질문은 어떤 영역에 해당하나요?

☐ 생각   ☐ 일상   ☐ 일   ☐ 기타

WHEN 이 질문이 필요한 시점은 언제인가요?

☐ 과거   ☐ 현재   ☐ 미래   ☐ 특정시점

HOW 질문으로 어떤 효과를 원하나요?

☐ 듣다   ☐ 기억하다   ☐ 찾다   ☐ 보다   ☐ 멈추다   ☐ 움직이다

QUESTION 나만의 질문 만들기

| |
| |
| |

KEYWORD 질문의 탄생을 돕는 단어

#긴장감 #OMR #답안지 #마킹 #떨린다 #순간 #심장박동수 #높여보자
#생동감 #살아있다 #동기 #시작하는힘 #움직임 #계기

생각의 팁. 이 질문으로 무엇을 하게 되나요?

PART 1. 미래
PART 2. 변화
PART 3. 동기
PART 4. 시작
PART 5. 방법
PART 6. 함께
PART 7. 목표

063

출발은 했는데, 이길이 맞는 것인가? 하는 생각을 가질 때가 있다.
왜일까?
잘못된 길을 가는 것은 아닐까?라는 걱정하지 말자.
처음 생각했던 시점과 달라진 변화를 반영하여 살짝 바꾸면 된다.

PART. 2
변화

Change

023

나아가기 위해 앞을 본다.
무엇이 있나 주위를 돌아본다.
시간을 갖기 위해 위를 본다.
밑바닥을 본다.
보고 있는 지금 왜 이곳에 있는지 확인해 보자.

MY THINKING 나의 생각

CHO's THINKING 조의 생각

어떤 이유에서든지 바라보고 확인하게 됩니다. 하지만 가장 중요한 것은 '어느 지점'에서 바라보고 있느냐가 중요합니다.

질문은 물음표가 아니라 마침표로 끝나더라도 생각하는 시간을 통해 가벼워집니다.

SELF INTERVIEW

FOR 무엇을 위한 질문인가요?

☐ 자신　　☐ 상대　　☐ 상황　　☐ 기타

WHAT 질문은 어떤 영역에 해당하나요?

☐ 생각　　☐ 일상　　☐ 일　　☐ 기타

WHEN 이 질문이 필요한 시점은 언제인가요?

☐ 과거　　☐ 현재　　☐ 미래　　☐ 특정시점

HOW 질문으로 어떤 효과를 원하나요?

☐ 듣다　☐ 기억하다　☐ 찾다　☐ 보다　☐ 멈추다　☐ 움직이다

QUESTION 나만의 질문 만들기

[   ]

KEYWORD 질문의 탄생을 돕는 단어

#준비 #취업 #창업 #그자리 #확인 #앞 #위 #주위 #밑 #바닥 #아래 #이유 #시작 #확신 #전진 #재점검 #하늘 #건물 #사람 #길 #장애물 #구름 #떠다닌다 #바람

생각의 팁. 이 질문으로 무엇을 하게 되나요?

PART 1. 미래

PART 2. 변화

PART 3. 동기

PART 4. 시작

PART 5. 방법

PART 6. 함께

PART 7. 목표

067

024

단 하루도 같은 하늘이 없다.
그러므로 하루도 빠짐없이 지켜보자.

MY THINKING 나의 생각

CHO's THINKING 조의 생각

하루하루 같은 날은 없습니다. 변화하고 있다는 것을 알려면 지켜보는 시간도 필요합니다.

질문은 물음표가 아니라 마침표로 끝나더라도 생각하는 시간을 통해 가벼워집니다.

SELF INTERVIEW

FOR 무엇을 위한 질문인가요?

☐ 자신   ☐ 상대   ☐ 상황   ☐ 기타

WHAT 질문은 어떤 영역에 해당하나요?

☐ 생각   ☐ 일상   ☐ 일   ☐ 기타

WHEN 이 질문이 필요한 시점은 언제인가요?

☐ 과거   ☐ 현재   ☐ 미래   ☐ 특정시점

HOW 질문으로 어떤 효과를 원하나요?

☐ 듣다   ☐ 기억하다   ☐ 찾다   ☐ 보다   ☐ 멈추다   ☐ 움직이다

QUESTION 나만의 질문 만들기

KEYWORD 질문의 탄생을 돕는 단어

#자기관리 #하늘 #다르다 #같은날 #다른날 #진로 #시간 #바라보자
#마음 #생각 #행동 #사람 #주변 #자신

생각의 팁. 이 질문으로 무엇을 하게 되나요?

PART 1. 미래
PART 2. 변화
PART 3. 동기
PART 4. 시작
PART 5. 방법
PART 6. 함께
PART 7. 목표

025

우리가 선택할 수 있는 가지 수는 항상 적을까?
많은 선택의 기회를 가지는 것에 대한
부담을 가지는 것일까? 정말 없는 것인가?
현재 고민하는 것에 대한 선택의 기회는
무엇으로 늘릴 수 있을까?

MY THINKING 나의 생각

CHO's THINKING 조의 생각

방법을 찾아봅시다. 그렇게 하기 위해 천천히 한 가지 한 가지 생각해 봐야 합니다.

질문은 물음표가 아니라 마침표로 끝나더라도 생각하는 시간을 통해 가벼워집니다.

SELF INTERVIEW

FOR 무엇을 위한 질문인가요?

☐ 자신　　☐ 상대　　☐ 상황　　☐ 기타

WHAT 질문은 어떤 영역에 해당하나요?

☐ 생각　　☐ 일상　　☐ 일　　☐ 기타

WHEN 이 질문이 필요한 시점은 언제인가요?

☐ 과거　　☐ 현재　　☐ 미래　　☐ 특정시점

HOW 질문으로 어떤 효과를 원하나요?

☐ 듣다　☐ 기억하다　☐ 찾다　☐ 보다　☐ 멈추다　☐ 움직이다

QUESTION 나만의 질문 만들기

KEYWORD 질문의 탄생을 돕는 단어

#선택 #확장 #확대 #고민 #시장 #채용 #미래 #투자 #행동 #정보 #타켓
#목표 #목적 #시작 #두려움 #정확성 #판단력 #효율적 #효과적

생각의 팁. 이 질문으로 무엇을 하게 되나요?

PART 1. 미래 | **PART 2. 변화** | PART 3. 동기 | PART 4. 시작 | PART 5. 방법 | PART 6. 함께 | PART 7. 목표

026

흐름이 멈추었다.
문제가 발생한 것이다.
현재 멈춰진 것들이 있는가 찾아보자.
특히 자의가 아닌 타인에 영향을 받은 것은 무엇인가?

MY THINKING 나의 생각

CHO's THINKING 조의 생각

현재 활동에 멈춰진 것들이 있다면 스스로의 문제는 인지할 수 있으니 외부 요소를 검토해야 합니다.

질문은 물음표가 아니라 마침표로 끝나더라도 생각하는 시간을 통해 가벼워집니다.

SELF INTERVIEW

FOR　무엇을 위한 질문인가요?

☐ 자신　　☐ 상대　　☐ 상황　　☐ 기타

WHAT　질문은 어떤 영역에 해당하나요?

☐ 생각　　☐ 일상　　☐ 일　　☐ 기타

WHEN　이 질문이 필요한 시점은 언제인가요?

☐ 과거　　☐ 현재　　☐ 미래　　☐ 특정시점

HOW　질문으로 어떤 효과를 원하나요?

☐ 듣다　☐ 기억하다　☐ 찾다　☐ 보다　☐ 멈추다　☐ 움직이다

QUESTION　나만의 질문 만들기

　

KEYWORD　질문의 탄생을 돕는 단어

#흐름 #과정 #준비 #멈추다 #끊기다 #바뀌다 #영향 #부정 #긍정 #자의
#타의 #날씨 #온도 #사람 #시선 #정책 #수요 #고객 #지속 #힘 #뚫다 #빛

생각의 팁. 이 질문으로 무엇을 하게 되나요?

027

해결하고 싶은 욕구는 기술을 발전시킨다.
하지만 더 중요한 점은 원인이다.

MY THINKING 나의 생각

CHO's THINKING 조의 생각

해결하고 싶은 욕구가 왜 생겨났는지에 대한 원인을 알아야 합니다. 그래야 기술을 더 잘 활용할 수 있습니다.

질문은 물음표가 아니라 마침표로 끝나더라도 생각하는 시간을 통해 가벼워집니다.

SELF INTERVIEW

FOR 무엇을 위한 질문인가요?

☐ 자신　　☐ 상대　　☐ 상황　　☐ 기타

WHAT 질문은 어떤 영역에 해당하나요?

☐ 생각　　☐ 일상　　☐ 일　　☐ 기타

WHEN 이 질문이 필요한 시점은 언제인가요?

☐ 과거　　☐ 현재　　☐ 미래　　☐ 특정시점

HOW 질문으로 어떤 효과를 원하나요?

☐ 듣다　☐ 기억하다　☐ 찾다　☐ 보다　☐ 멈추다　☐ 움직이다

QUESTION 나만의 질문 만들기

KEYWORD 질문의 탄생을 돕는 단어

#인간 #기술 #AI #챗GPT #사용자 #데이터 #욕구 #해결 #발전 #원인 #중요함 #핵심 #인간의생각 #사고 #변화

생각의 팁. 이 질문으로 무엇을 하게 되나요?

028

바람을 느끼는 것은 특정 장소에 있다는 것이다.
대가를 지불하지 않아도 된다.
내가 선택한 것도 아니다.
그곳에 있기에 가능하다.
지금 어디에 있는가?

MY THINKING 나의 생각

CHO's THINKING 조의 생각

무언가를 느끼게 하는 곳에 있나요? 그곳은 나의 진로를 시작할 수 있는 곳입니다. 현재 있는 곳을 확인해 봅시다.

질문은 물음표가 아니라 마침표로 끝나더라도 생각하는 시간을 통해 가벼워집니다.

SELF INTERVIEW

FOR 무엇을 위한 질문인가요?

☐ 자신   ☐ 상대   ☐ 상황   ☐ 기타

WHAT 질문은 어떤 영역에 해당하나요?

☐ 생각   ☐ 일상   ☐ 일   ☐ 기타

WHEN 이 질문이 필요한 시점은 언제인가요?

☐ 과거   ☐ 현재   ☐ 미래   ☐ 특정시점

HOW 질문으로 어떤 효과를 원하나요?

☐ 듣다   ☐ 기억하다   ☐ 찾다   ☐ 보다   ☐ 멈추다   ☐ 움직이다

QUESTION 나만의 질문 만들기

KEYWORD 질문의 탄생을 돕는 단어

#바람 #느낀다 #선택 #가고싶은데로 #그자리 #움직임 #이동 #혼자
#같이 #대가 #지불 #변화 #생각 #행동

생각의 팁. 이 질문으로 무엇을 하게 되나요?

029

사회에서 특정 분야 인재를 찾는다.
사회의 수요를 알아차릴 때는 준비 못 한 지원자가 많다.
진로 방향 탐색이 중요한 이유다.
학생도, 취업 준비생도, 직장인도, 퇴직자도
모두 변화를 읽을 필요가 있다.

MY THINKING 나의 생각

CHO's THINKING 조의 생각

사회의 변화를 읽을 줄 알아야 어떤 위치이든 자신의 진로 방향 탐색이 가능합니다. 기다리는 것이 아니라 준비해야 합니다.

질문은 물음표가 아니라 마침표로 끝나더라도 생각하는 시간을 통해 가벼워집니다.

SELF INTERVIEW

FOR 무엇을 위한 질문인가요?

☐ 자신   ☐ 상대   ☐ 상황   ☐ 기타

WHAT 질문은 어떤 영역에 해당하나요?

☐ 생각   ☐ 일상   ☐ 일   ☐ 기타

WHEN 이 질문이 필요한 시점은 언제인가요?

☐ 과거   ☐ 현재   ☐ 미래   ☐ 특정시점

HOW 질문으로 어떤 효과를 원하나요?

☐ 듣다   ☐ 기억하다   ☐ 찾다   ☐ 보다   ☐ 멈추다   ☐ 움직이다

QUESTION 나만의 질문 만들기

KEYWORD 질문의 탄생을 돕는 단어

#수요 #공급 #인력 #채용 #예측 #기준 #대상 #변화 #판 #시장 #학생 #취업준비생 #구직자 #재직자 #퇴직자 #시간 #계획 #사회 #개발자 #전문가 #경력자

생각의 팁. 이 질문으로 무엇을 하게 되나요?

030

사회에서 우리들의 '기회'가 사라지고 있다.
'대체 방법'을 찾아야 할 때이다.
정말 '타이밍'이 중요하다.

MY THINKING 나의 생각

CHO's THINKING 조의 생각

사회의 변화와 기술의 발달로 대체되거나 없어질 수 있습니다. 그러나 그것은 기회가 없어지는 것이 아닙니다. 적합한 시기에 맞추어 준비할 수 있다면 함께 할 수 있습니다.

질문은 물음표가 아니라 마침표로 끝나더라도 생각하는 시간을 통해 가벼워집니다.

SELF INTERVIEW

FOR 무엇을 위한 질문인가요?

☐ 자신　　☐ 상대　　☐ 상황　　☐ 기타

WHAT 질문은 어떤 영역에 해당하나요?

☐ 생각　　☐ 일상　　☐ 일　　☐ 기타

WHEN 이 질문이 필요한 시점은 언제인가요?

☐ 과거　　☐ 현재　　☐ 미래　　☐ 특정시점

HOW 질문으로 어떤 효과를 원하나요?

☐ 듣다　☐ 기억하다　☐ 찾다　☐ 보다　☐ 멈추다　☐ 움직이다

QUESTION 나만의 질문 만들기

```
┌─────────────────────────────────────────┐
│                                         │
│                                         │
│                                         │
│                                         │
│                                         │
└─────────────────────────────────────────┘
```

KEYWORD 질문의 탄생을 돕는 단어

#기회 #사라진다 #취업 #진로 #경험 #대체 #방법 #타이밍 #시기 #중요성 #놓치다 #잡다 #같이하다 #대면 #비대면 #온라인 #오프라인 #시작

생각의 팁. 이 질문으로 무엇을 하게 되나요?

PART 1. 미래　PART 2. 변화　PART 3. 동기　PART 4. 시작　PART 5. 방법　PART 6. 함께　PART 7. 목표

031

영향을 받는 것과 영향을 주는 것 모두 중요하다.
지금은 어떤 때 인가?

MY THINKING 나의 생각

CHO's THINKING 조의 생각

자신의 상황을 잘 파악하는 것이 중요합니다. 도움을 받아야 하는지, 도움을 줄 수 있으므로 같이 가야 하는지 지금 생각해 봅시다.

SELF INTERVIEW

FOR 무엇을 위한 질문인가요?

☐ 자신   ☐ 상대   ☐ 상황   ☐ 기타

WHAT 질문은 어떤 영역에 해당하나요?

☐ 생각   ☐ 일상   ☐ 일   ☐ 기타

WHEN 이 질문이 필요한 시점은 언제인가요?

☐ 과거   ☐ 현재   ☐ 미래   ☐ 특정시점

HOW 질문으로 어떤 효과를 원하나요?

☐ 듣다   ☐ 기억하다   ☐ 찾다   ☐ 보다   ☐ 멈추다   ☐ 움직이다

QUESTION 나만의 질문 만들기

KEYWORD 질문의 탄생을 돕는 단어

#진로 #멘토 #성인 #지도자 #리더 #받다 #지금은 #어떤 #때 #시기
#선택 #질문 #따르다 #알려주다 #말하다 #기록하다 #다시보다

생각의 팁. 이 질문으로 무엇을 하게 되나요?

032

넓은 시야를 가져야 하는 이유는
당신의 경쟁자가 모든 분야에 있기 때문이다.
당신의 경쟁상대는 누구라고 생각하는가?

MY THINKING 나의 생각

CHO's THINKING 조의 생각

사회는 경쟁을 피할 수 없습니다. 그렇기에 경쟁해야 하는 대상이 누구인지 먼저 알아야 준비할 수 있습니다.

SELF INTERVIEW

FOR 무엇을 위한 질문인가요?

☐ 자신 ☐ 상대 ☐ 상황 ☐ 기타

WHAT 질문은 어떤 영역에 해당하나요?

☐ 생각 ☐ 일상 ☐ 일 ☐ 기타

WHEN 이 질문이 필요한 시점은 언제인가요?

☐ 과거 ☐ 현재 ☐ 미래 ☐ 특정시점

HOW 질문으로 어떤 효과를 원하나요?

☐ 듣다 ☐ 기억하다 ☐ 찾다 ☐ 보다 ☐ 멈추다 ☐ 움직이다

QUESTION 나만의 질문 만들기

KEYWORD 질문의 탄생을 돕는 단어

#경쟁 #분야 #한정 #업종 #직무 #동종분야 #넓은시야 #이유 #전략
#목표 #미래 #차별화 #세분화 #기회의문

생각의 팁. 이 질문으로 무엇을 하게 되나요?

033

자신의 색깔이 돋보이는 시대이다.
나만의 색이 아니라 한 가지 색이라고 이야기해도,
알아주는 시간이 다가왔다.
나는 무슨 색으로 나타날 것인가?

MY THINKING 나의 생각

CHO's THINKING 조의 생각

현재 시대에 대한 이해와 자신의 색이 무엇인지 알아내는 것이 중요합니다. 꼭 자신이 가진 진짜 색이 아니더라도 '난 이런 색이에요'라고 말하는 것도 괜찮습니다.

질문은 물음표가 아니라 마침표로 끝나더라도 생각하는 시간을 통해 가벼워집니다.

SELF INTERVIEW

FOR 무엇을 위한 질문인가요?

☐ 자신　　☐ 상대　　☐ 상황　　☐ 기타

WHAT 질문은 어떤 영역에 해당하나요?

☐ 생각　　☐ 일상　　☐ 일　　☐ 기타

WHEN 이 질문이 필요한 시점은 언제인가요?

☐ 과거　　☐ 현재　　☐ 미래　　☐ 특정시점

HOW 질문으로 어떤 효과를 원하나요?

☐ 듣다　☐ 기억하다　☐ 찾다　☐ 보다　☐ 멈추다　☐ 움직이다

QUESTION 나만의 질문 만들기

　

KEYWORD 질문의 탄생을 돕는 단어

#표현 #중점 #선택 #환경 #변화 #시대 #시기 #준비 #커리어 #집중
#미래 #준비 #N잡러 #여유 #네트워크 #가까운곳부터

생각의 팁. 이 질문으로 무엇을 하게 되나요?

034

누군가를 마주할 때
자신감을 갖게 하는 생각과 행동 중 하나!
자신의 '파워 포즈'는 무엇인가?
상대의 표정에서 만족해하는 모습을 발견했는가?

MY THINKING 나의 생각

CHO's THINKING 조의 생각

상대를 위한 것이 아니더라도 내 안의 자신감은 당당한 파워 포즈로 나타날 수 있습니다. 이것을 갖추는 것이 변화 속에서도 꾸준히 자신의 길을 갈 수 있는 힘이 됩니다.

질문은 물음표가 아니라 마침표로 끝나더라도 생각하는 시간을 통해 가벼워집니다.

SELF INTERVIEW

FOR 무엇을 위한 질문인가요?

☐ 자신   ☐ 상대   ☐ 상황   ☐ 기타

WHAT 질문은 어떤 영역에 해당하나요?

☐ 생각   ☐ 일상   ☐ 일   ☐ 기타

WHEN 이 질문이 필요한 시점은 언제인가요?

☐ 과거   ☐ 현재   ☐ 미래   ☐ 특정시점

HOW 질문으로 어떤 효과를 원하나요?

☐ 듣다   ☐ 기억하다   ☐ 찾다   ☐ 보다   ☐ 멈추다   ☐ 움직이다

QUESTION 나만의 질문 만들기

KEYWORD 질문의 탄생을 돕는 단어

#자신감 #포즈 #제스쳐 #파워 #힘 #생각 #행동 #질문 #상대 #얼굴 #모두 #한가지 #적어보자 #당당함 #인정 #믿음 #리더 #함께

생각의 팁. 이 질문으로 무엇을 하게 되나요?

035

우리가 '모으는 것'에는
돈도 있고 물건도 있고 사람도 있다.
우리가 사회에서 자리 잡기 위해 모아야 할 것은 무엇인가?

MY THINKING 나의 생각

CHO's THINKING 조의 생각

자신의 진로에 장기적 관점으로 바라볼 필요성이 있으며, 그 기간 무엇인가 쌓아 두면 큰 힘을 얻을 수 있습니다.

질문은 물음표가 아니라 마침표로 끝나더라도 생각하는 시간을 통해 가벼워집니다.

SELF INTERVIEW

FOR   무엇을 위한 질문인가요?

☐ 자신   ☐ 상대   ☐ 상황   ☐ 기타

WHAT   질문은 어떤 영역에 해당하나요?

☐ 생각   ☐ 일상   ☐ 일   ☐ 기타

WHEN   이 질문이 필요한 시점은 언제인가요?

☐ 과거   ☐ 현재   ☐ 미래   ☐ 특정시점

HOW   질문으로 어떤 효과를 원하나요?

☐ 듣다   ☐ 기억하다   ☐ 찾다   ☐ 보다   ☐ 멈추다   ☐ 움직이다

QUESTION   나만의 질문 만들기

KEYWORD   질문의 탄생을 돕는 단어

#진로 #취업 #일자리 #위치 #영역 #나눈다 #결합 #기준 #자격 #스펙
#역량 #관계 #이유 #데이터 #정리 #가치 #시간 #흐름

생각의 팁. 이 질문으로 무엇을 하게 되나요?

PART 2. 변화

036

한 해를 마무리하기 위한 '로그아웃',
다음 해를 시작하는 '로그인'에는
ID와 비밀번호가 필요하다.
접속을 위해 결정하자.

MY THINKING 나의 생각

CHO's THINKING 조의 생각

ID와 비밀번호는 웹사이트 접속을 위해 꼭 필요합니다. 진로라는 웹에도 시작과 끝나는 지점은 자신이 설정하는 것임을 기억합시다.

질문은 물음표가 아니라 마침표로 끝나더라도 생각하는 시간을 통해 가벼워집니다.

SELF INTERVIEW

FOR 무엇을 위한 질문인가요?

☐ 자신 ☐ 상대 ☐ 상황 ☐ 기타

WHAT 질문은 어떤 영역에 해당하나요?

☐ 생각 ☐ 일상 ☐ 일 ☐ 기타

WHEN 이 질문이 필요한 시점은 언제인가요?

☐ 과거 ☐ 현재 ☐ 미래 ☐ 특정시점

HOW 질문으로 어떤 효과를 원하나요?

☐ 듣다 ☐ 기억하다 ☐ 찾다 ☐ 보다 ☐ 멈추다 ☐ 움직이다

QUESTION 나만의 질문 만들기

KEYWORD 질문의 탄생을 돕는 단어

#미래 #한해 #지난해 #다가오는해 #1년 #로그인 #로그아웃 #시작
#방향 #출발 #ID #비밀번호 #설정 #계획 #목표 #취업 #진로

생각의 팁. 이 질문으로 무엇을 하게 되나요?

PART 1. 미래
PART 2. 변화
PART 3. 동기
PART 4. 시작
PART 5. 방법
PART 6. 함께
PART 7. 목표

037

학창 시절 동안 많은 경험을 하라고 한다.
성공과 실패 모두 도움이 된다.
실패도 긍정적인 면이 있기 때문이다.
이렇게 받아들일 수 있는 이유는?

MY THINKING 나의 생각

CHO's THINKING 조의 생각

학생이라는 신분, 시작하는 시점에 겪게 되는 경험은 실패를 하더라도 그때 어떻게 하느냐에 따라 소중한 경험이 될 수 있습니다.

질문은 물음표가 아니라 마침표로 끝나더라도 생각하는 시간을 통해 가벼워집니다.

SELF INTERVIEW

FOR 무엇을 위한 질문인가요?

☐ 자신   ☐ 상대   ☐ 상황   ☐ 기타

WHAT 질문은 어떤 영역에 해당하나요?

☐ 생각   ☐ 일상   ☐ 일   ☐ 기타

WHEN 이 질문이 필요한 시점은 언제인가요?

☐ 과거   ☐ 현재   ☐ 미래   ☐ 특정시점

HOW 질문으로 어떤 효과를 원하나요?

☐ 듣다   ☐ 기억하다   ☐ 찾다   ☐ 보다   ☐ 멈추다   ☐ 움직이다

QUESTION 나만의 질문 만들기

KEYWORD 질문의 탄생을 돕는 단어

#대학생활 #경험 #실패 #성공 #도움 #중요 #긍정 #이유 #회복력 #시각
#재도전 #교훈 #느낀점 #원인파악 #해결책 #태도

생각의 팁. 이 질문으로 무엇을 하게 되나요?

038

'금지'라는 방법을 통해
자신의 감정과 행동을 통제할 수 있는 능력을 갖출 수 있다.
당신에게 지금 이 방법을 적용해야 할 것은?

MY THINKING 나의 생각

CHO's THINKING 조의 생각

자기관리 중 통제력은 집중과 변화를 이끄는데 중요한 요소입니다.

SELF INTERVIEW

FOR 무엇을 위한 질문인가요?

☐ 자신   ☐ 상대   ☐ 상황   ☐ 기타

WHAT 질문은 어떤 영역에 해당하나요?

☐ 생각   ☐ 일상   ☐ 일   ☐ 기타

WHEN 이 질문이 필요한 시점은 언제인가요?

☐ 과거   ☐ 현재   ☐ 미래   ☐ 특정시점

HOW 질문으로 어떤 효과를 원하나요?

☐ 듣다   ☐ 기억하다   ☐ 찾다   ☐ 보다   ☐ 멈추다   ☐ 움직이다

QUESTION 나만의 질문 만들기

KEYWORD 질문의 탄생을 돕는 단어

#자기관리 #스스로 #금지 #통제 #억제 #시간 #확보 #능력 #생각 #행동 #의지 #자율 #타이밍 #순간 #상황 #당신 #지금 #적용

생각의 팁. 이 질문으로 무엇을 하게 되나요?

039

직장 생활은 제한적인 업무를 수행한다.
이를 증명하는 단어가 '직무'이다.
앞으로 사회에 진입하는 세대는
어떤 직장 생활을 선택할까?

MY THINKING 나의 생각

CHO's THINKING 조의 생각

자신이 희망하는 일을 수행하는 환경 중 하나가 직장을 갖는 것입니다.
분명 자신이 바라는 환경이 있는데, 어떤 것들인지 생각해 봅시다.

질문은 물음표가 아니라 마침표로 끝나더라도 생각하는 시간을 통해 가벼워집니다.

SELF INTERVIEW

FOR 무엇을 위한 질문인가요?

☐ 자신 ☐ 상대 ☐ 상황 ☐ 기타

WHAT 질문은 어떤 영역에 해당하나요?

☐ 생각 ☐ 일상 ☐ 일 ☐ 기타

WHEN 이 질문이 필요한 시점은 언제인가요?

☐ 과거 ☐ 현재 ☐ 미래 ☐ 특정시점

HOW 질문으로 어떤 효과를 원하나요?

☐ 듣다 ☐ 기억하다 ☐ 찾다 ☐ 보다 ☐ 멈추다 ☐ 움직이다

QUESTION 나만의 질문 만들기

KEYWORD 질문의 탄생을 돕는 단어

#직장생활 #제한적 #업무수행 #직무 #조직 #부서 #증명 #세대 #선택 #성장환경 #생각 #가치 #인식 #변화 #새롭다

생각의 팁. 이 질문으로 무엇을 하게 되나요?

PART 1. 미래
PART 2. 변화
PART 3. 동기
PART 4. 시작
PART 5. 방법
PART 6. 함께
PART 7. 목표

040

규칙성은 안정감을 가져다준다.
똑같은 내일이 기다리기 때문이다.
그런데 요즘은 하루가 다르게 변하고 있다는 것을 알게 된다.
그러면 안정감은 어디에서 찾아야 할까?

MY THINKING 나의 생각

CHO's THINKING 조의 생각

세상은 바뀌고 있는데 안정적 직장 및 생활을 희망한다면, 내가 어떤 면에서 안정감을 느끼는지 알아야 합니다.

질문은 물음표가 아니라 마침표로 끝나더라도 생각하는 시간을 통해 가벼워집니다.

SELF INTERVIEW

FOR 무엇을 위한 질문인가요?

☐ 자신   ☐ 상대   ☐ 상황   ☐ 기타

WHAT 질문은 어떤 영역에 해당하나요?

☐ 생각   ☐ 일상   ☐ 일   ☐ 기타

WHEN 이 질문이 필요한 시점은 언제인가요?

☐ 과거   ☐ 현재   ☐ 미래   ☐ 특정시점

HOW 질문으로 어떤 효과를 원하나요?

☐ 듣다   ☐ 기억하다   ☐ 찾다   ☐ 보다   ☐ 멈추다   ☐ 움직이다

QUESTION 나만의 질문 만들기

KEYWORD 질문의 탄생을 돕는 단어

#진로 #취업 #안정적 #규칙적 #시대 #현재 #변화 #빠르다 #자기이해
#성찰 #도전적 #다양한사람 #만남 #이야기 #찾자

생각의 팁. 이 질문으로 무엇을 하게 되나요?

041

있다, 없다로 구분하는 것이 아닌
'부족함의 긍정'이라는 말을
생활 속에서 찾는다면, 무엇이 있을까?

MY THINKING 나의 생각

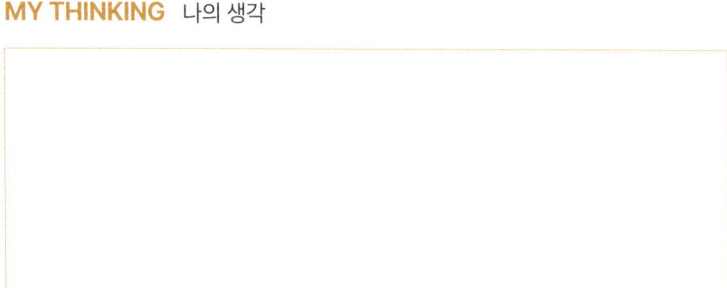

CHO's THINKING 조의 생각

있으면 좋겠지만 없다고 해서 부정적인 것이 아닌 부족함 속에서도 분명 긍정적인 부분이 있습니다. 이 부분을 알게 된다면 자신의 변화에 도움이 됩니다.

SELF INTERVIEW

FOR 무엇을 위한 질문인가요?

☐ 자신   ☐ 상대   ☐ 상황   ☐ 기타

WHAT 질문은 어떤 영역에 해당하나요?

☐ 생각   ☐ 일상   ☐ 일   ☐ 기타

WHEN 이 질문이 필요한 시점은 언제인가요?

☐ 과거   ☐ 현재   ☐ 미래   ☐ 특정시점

HOW 질문으로 어떤 효과를 원하나요?

☐ 듣다   ☐ 기억하다   ☐ 찾다   ☐ 보다   ☐ 멈추다   ☐ 움직이다

QUESTION 나만의 질문 만들기

KEYWORD 질문의 탄생을 돕는 단어

#있다 #없다 #세대 #풍족함 #부족함 #결핍 #생각 #낭비 #긍정
#과거세대 #현재세대 #미래세대 #발전 #좋아졌다

생각의 팁. 이 질문으로 무엇을 하게 되나요?

PART 1. 미래
PART 2. 변화
PART 3. 동기
PART 4. 시작
PART 5. 방법
PART 6. 함께
PART 7. 목표

자신이 움직이게 하는 것은 분명 중요하게 생각하는 것이다.
그렇기에 무엇인지 알아야 한다.
없다면, 찾아야 한다.

PART. 3
동기

042

내 인생의 주연이 자신인 것처럼,
진로방향 결정도 똑같다.
어떤 역할이든 자신이 결정했다는 것을 잊지말자.
당신은 어떤 역할을 해야한다고 생각하는가?

MY THINKING 나의 생각

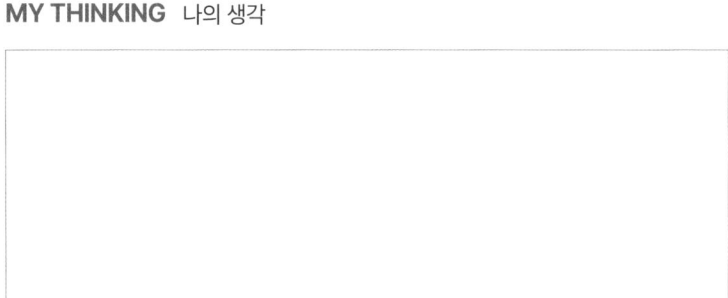

CHO's THINKING 조의 생각

역할은 자신이 선택하는 것이며 선택한 역할이 어떤 것이든 모두 자신이 주인공입니다. 이것을 받아들이고 그 역할을 왜 선택했는지 이유를 찾아 봅시다.

SELF INTERVIEW

FOR 무엇을 위한 질문인가요?

☐ 자신   ☐ 상대   ☐ 상황   ☐ 기타

WHAT 질문은 어떤 영역에 해당하나요?

☐ 생각   ☐ 일상   ☐ 일   ☐ 기타

WHEN 이 질문이 필요한 시점은 언제인가요?

☐ 과거   ☐ 현재   ☐ 미래   ☐ 특정시점

HOW 질문으로 어떤 효과를 원하나요?

☐ 듣다   ☐ 기억하다   ☐ 찾다   ☐ 보다   ☐ 멈추다   ☐ 움직이다

QUESTION 나만의 질문 만들기

| |
| |
| |

KEYWORD 질문의 탄생을 돕는 단어

#질문의도 #파악 #인생 #주연 #조연 #엑스트라 #역할 #색깔 #결정
#진로 #취업 #이직 #퇴직 #비중 #핵심 #구성원 #원팀 #입장 #차이
#극복 #간격 #비교 #중심

생각의 팁. 이 질문으로 무엇을 하게 되나요?

043

당신은 '베풀 수 있는 행복'을 느끼는가?
나를 둘러싼 모든 것은 많은 사람이
노력한 결과임이 분명하다.
자신의 일에 '소신'을 찾아보자.

MY THINKING 나의 생각

CHO's THINKING 조의 생각

모든 사람들은 행복한 삶을 바랍니다. 이 삶은 혼자가 아닌 많은 사람들과 함께 한 것이며, 그 속에서 자신이 하는 일을 해낼 수 있다는 믿음 or 잘할 수 있다는 믿음이 있어야 합니다.

질문은 물음표가 아니라 마침표로 끝나더라도 생각하는 시간을 통해 가벼워집니다.

SELF INTERVIEW

FOR 무엇을 위한 질문인가요?

☐ 자신   ☐ 상대   ☐ 상황   ☐ 기타

WHAT 질문은 어떤 영역에 해당하나요?

☐ 생각   ☐ 일상   ☐ 일   ☐ 기타

WHEN 이 질문이 필요한 시점은 언제인가요?

☐ 과거   ☐ 현재   ☐ 미래   ☐ 특정시점

HOW 질문으로 어떤 효과를 원하나요?

☐ 듣다   ☐ 기억하다   ☐ 찾다   ☐ 보다   ☐ 멈추다   ☐ 움직이다

QUESTION 나만의 질문 만들기

KEYWORD 질문의 탄생을 돕는 단어

#행복 #베풀다 #현실 #마음 #다짐 #많은사람 #주위사람 #어른들
#주어진일 #소신 #경제적 #보람 #감정 #공동체 #세대 #갈등 #해소
#더불어

생각의 팁. 이 질문으로 무엇을 하게 되나요?

PART 1. 미래
PART 2. 변화
PART 3. 동기
PART 4. 시작
PART 5. 방법
PART 6. 함께
PART 7. 목표

109

044

하고 싶은 일을 선택하는데는
마음과 조건이 고려된다.
만약 자신이 일을 선택할 수 있다면,
성공한 사회생활이 아닐까? 당신의 성공 기준은?

MY THINKING 나의 생각

CHO's THINKING 조의 생각

성공한 사회생활이라고 말하는데 필요한 조건 또는 자신이 선택한 일이 직업이 되기 위해 필요한 것은 무엇인지 생각해 봐야 합니다.

질문은 물음표가 아니라 마침표로 끝나더라도 생각하는 시간을 통해 가벼워집니다.

SELF INTERVIEW

FOR 무엇을 위한 질문인가요?

☐ 자신 ☐ 상대 ☐ 상황 ☐ 기타

WHAT 질문은 어떤 영역에 해당하나요?

☐ 생각 ☐ 일상 ☐ 일 ☐ 기타

WHEN 이 질문이 필요한 시점은 언제인가요?

☐ 과거 ☐ 현재 ☐ 미래 ☐ 특정시점

HOW 질문으로 어떤 효과를 원하나요?

☐ 듣다 ☐ 기억하다 ☐ 찾다 ☐ 보다 ☐ 멈추다 ☐ 움직이다

QUESTION 나만의 질문 만들기

KEYWORD 질문의 탄생을 돕는 단어

#성공 #원하는것 #희망하는것 #꿈꾸는것 #초년생 #중년 #일 #상황
#선택 #고른다 #마음 #조건 #성공기준 #가치기준 #다르다 #나만의것
#나의것 #내것

생각의 팁. 이 질문으로 무엇을 하게 되나요?

PART 1. 미래
PART 2. 변화
PART 3. 동기
PART 4. 시작
PART 5. 방법
PART 6. 함께
PART 7. 목표

045

진로를 고민할 때 '주도적' 보다
먼저 생각해야 하는 것은 '주체'이다.
그래야 진정한 자신의 삶이 이루어진다.

MY THINKING 나의 생각

CHO's THINKING 조의 생각

내가 하는 진로 고민은 내 삶에 관한 것입니다. 그래서 자신이 주체이며, 중점을 잘 잡아야 합니다.

SELF INTERVIEW

FOR 무엇을 위한 질문인가요?

☐ 자신   ☐ 상대   ☐ 상황   ☐ 기타

WHAT 질문은 어떤 영역에 해당하나요?

☐ 생각   ☐ 일상   ☐ 일   ☐ 기타

WHEN 이 질문이 필요한 시점은 언제인가요?

☐ 과거   ☐ 현재   ☐ 미래   ☐ 특정시점

HOW 질문으로 어떤 효과를 원하나요?

☐ 듣다   ☐ 기억하다   ☐ 찾다   ☐ 보다   ☐ 멈추다   ☐ 움직이다

QUESTION 나만의 질문 만들기

KEYWORD 질문의 탄생을 돕는 단어

#진로 #고민 #주도적 #주체적 #선행 #고민 #생각 #진정한 #삶 #방향
#완성하기위해 #결정 #결과 #받아들이다 #후회 #다시 #도전

생각의 팁. 이 질문으로 무엇을 하게 되나요?

PART 1. 미래
PART 2. 변화
PART 3. 동기
PART 4. 시각
PART 5. 방법
PART 6. 함께
PART 7. 목표

046

못하는 것이 아니라 무엇인가
새롭게 시작할 '계기'가 필요했을 뿐이다.
이것이 우리를 움직이게 하는 '동기'이다.

MY THINKING 나의 생각

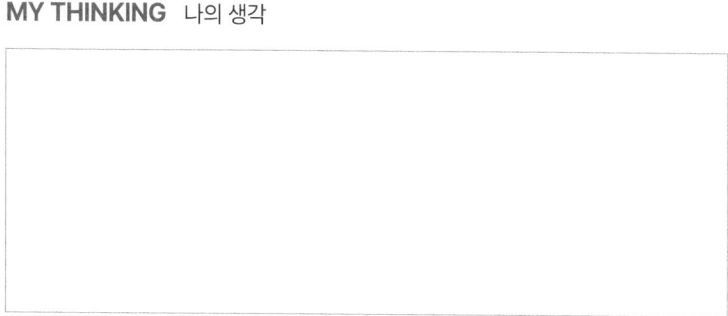

CHO's THINKING 조의 생각

왜 시작하게 되었는지를 잊어버리게 되거나 시작도 못하는 경우가 있습니다. 그것은 이유 또는 계기를 찾지 못했기 때문입니다. 잊지 않고 지속하기 위해서는 이유와 계기가 필요합니다.

SELF INTERVIEW

FOR 무엇을 위한 질문인가요?

☐ 자신   ☐ 상대   ☐ 상황   ☐ 기타

WHAT 질문은 어떤 영역에 해당하나요?

☐ 생각   ☐ 일상   ☐ 일   ☐ 기타

WHEN 이 질문이 필요한 시점은 언제인가요?

☐ 과거   ☐ 현재   ☐ 미래   ☐ 특정시점

HOW 질문으로 어떤 효과를 원하나요?

☐ 듣다 ☐ 기억하다 ☐ 찾다 ☐ 보다 ☐ 멈추다 ☐ 움직이다

QUESTION 나만의 질문 만들기

KEYWORD 질문의 탄생을 돕는 단어

#시작 #동기 #새롭게 #계기 #필요 #단일화 #통합 #자발적 #진로 #장기적 #가치 #멈춤 #쉼 #다시 #복귀 #전환 #새출발

생각의 팁. 이 질문으로 무엇을 하게 되나요?

PART 1. 미래
PART 2. 변화
PART 3. 동기
PART 4. 시작
PART 5. 방법
PART 6. 함께
PART 7. 목표

047

인생에서 다른 사람과의 비교는 의미가 없다.
인생은 상대평가가 아닌 절대평가이다.
그 평가자는 자신이다.

MY THINKING 나의 생각

CHO's THINKING 조의 생각

비교하는 상황은 전진하는 것을 지체하게 하는 이유 중 하나입니다. 가장 먼저 자신에 대해 스스로 평가해 봅시다.

질문은 물음표가 아니라 마침표로 끝나더라도 생각하는 시간을 통해 가벼워집니다.

SELF INTERVIEW

FOR 무엇을 위한 질문인가요?

☐ 자신   ☐ 상대   ☐ 상황   ☐ 기타

WHAT 질문은 어떤 영역에 해당하나요?

☐ 생각   ☐ 일상   ☐ 일   ☐ 기타

WHEN 이 질문이 필요한 시점은 언제인가요?

☐ 과거   ☐ 현재   ☐ 미래   ☐ 특정시점

HOW 질문으로 어떤 효과를 원하나요?

☐ 듣다   ☐ 기억하다   ☐ 찾다   ☐ 보다   ☐ 멈추다   ☐ 움직이다

QUESTION 나만의 질문 만들기

KEYWORD 질문의 탄생을 돕는 단어

#인생 #컨설팅 #준비 #비교 #상대평가 #절대평가 #평가자 #자신 #방향 #진로 #준비 #최선 #장점 #집중 #선택 #결과 #받아들이다

생각의 팁. 이 질문으로 무엇을 하게 되나요?

PART 1. 미래
PART 2. 변화
PART 3. 동기
PART 4. 시작
PART 5. 방법
PART 6. 함께
PART 7. 목표

048

진로 선택의 주도권을 갖게 되었을 때, 자신의 가고자 하는 방향이 완성된다.

MY THINKING 나의 생각

CHO's THINKING 조의 생각

스스로 권한이 생겼다 판단되었을 때 책임과 의지가 생깁니다. 이끌려 가는 것이 아닌 자발적으로 끌어가게 되는 것이죠.

질문은 물음표가 아니라 마침표로 끝나더라도 생각하는 시간을 통해 가벼워집니다.

SELF INTERVIEW

FOR   무엇을 위한 질문인가요?

☐ 자신   ☐ 상대   ☐ 상황   ☐ 기타

WHAT   질문은 어떤 영역에 해당하나요?

☐ 생각   ☐ 일상   ☐ 일   ☐ 기타

WHEN   이 질문이 필요한 시점은 언제인가요?

☐ 과거   ☐ 현재   ☐ 미래   ☐ 특정시점

HOW   질문으로 어떤 효과를 원하나요?

☐ 듣다   ☐ 기억하다   ☐ 찾다   ☐ 보다   ☐ 멈추다   ☐ 움직이다

QUESTION   나만의 질문 만들기

KEYWORD   질문의 탄생을 돕는 단어

#진로 #방향 #주도권 #잡자 #갖다 #자신이 #그때 #시작 #완성 #인식
#탐색 #설계 #확인 #지속 #변화 #미래 #연결 #인생 #행복

생각의 팁. 이 질문으로 무엇을 하게 되나요?

049

'노력'은 그 결과가 최고점이 아니어도 된다.
이렇게 생각하기 위해서는 '방향'을 잘 봐야 한다.

MY THINKING 나의 생각

CHO's THINKING 조의 생각

최고점이 아닌 자신이 만족하는 순간까지 최선을 다하는 노력을 해야 합니다.

SELF INTERVIEW

FOR 무엇을 위한 질문인가요?

☐ 자신   ☐ 상대   ☐ 상황   ☐ 기타

WHAT 질문은 어떤 영역에 해당하나요?

☐ 생각   ☐ 일상   ☐ 일   ☐ 기타

WHEN 이 질문이 필요한 시점은 언제인가요?

☐ 과거   ☐ 현재   ☐ 미래   ☐ 특정시점

HOW 질문으로 어떤 효과를 원하나요?

☐ 듣다   ☐ 기억하다   ☐ 찾다   ☐ 보다   ☐ 멈추다   ☐ 움직이다

QUESTION 나만의 질문 만들기

KEYWORD 질문의 탄생을 돕는 단어

#노력 #결과 #방향 #생각 #준비 #참여 #함께 #의견 #공유 #팀 #만족
#성과 #보자 #바라보자 #비교말자

생각의 팁. 이 질문으로 무엇을 하게 되나요?

050

자신의 생각을 선명하게 하기 위해 가장 먼저 해야 할 것은?

MY THINKING 나의 생각

CHO's THINKING 조의 생각

분명하고 명확한 방향을 갖기 위해서는 생각 정리가 필요합니다. 그래야 뚜렷해집니다. 그렇게 하기 위해 먼저 해야 할 것을 떠올려봅시다.

질문은 물음표가 아니라 마침표로 끝나더라도 생각하는 시간을 통해 가벼워집니다.

SELF INTERVIEW

FOR 무엇을 위한 질문인가요?

☐ 자신　　☐ 상대　　☐ 상황　　☐ 기타

WHAT 질문은 어떤 영역에 해당하나요?

☐ 생각　　☐ 일상　　☐ 일　　☐ 기타

WHEN 이 질문이 필요한 시점은 언제인가요?

☐ 과거　　☐ 현재　　☐ 미래　　☐ 특정시점

HOW 질문으로 어떤 효과를 원하나요?

☐ 듣다　☐ 기억하다　☐ 찾다　☐ 보다　☐ 멈추다　☐ 움직이다

QUESTION 나만의 질문 만들기

KEYWORD 질문의 탄생을 돕는 단어

#진로 #고민 #생각 #확정 #선명하게 #명확하게 #정리 #선정
#적어야한다 #비교 #확인 #알아봐야한다 #멀리봐야한다 #물어봐야한다
#들어야한다 #행동

생각의 팁. 이 질문으로 무엇을 하게 되나요?

051

누구나 '직업'을 통해 경제력을 갖추려고 한다.
아무리 찾아봐도 선택할 직업이 없다면
어떻게 할 것인가?

MY THINKING 나의 생각

CHO's THINKING 조의 생각

직업의 경제성, 연속성, 사회적, 윤리적 4가지 조건이 있는데, 만약 선택할 직업이 없다면 경제적인 부분으로 바라보는 것은 어떨까요?

질문은 물음표가 아니라 마침표로 끝나더라도 생각하는 시간을 통해 가벼워집니다.

SELF INTERVIEW

FOR 무엇을 위한 질문인가요?

☐ 자신   ☐ 상대   ☐ 상황   ☐ 기타

WHAT 질문은 어떤 영역에 해당하나요?

☐ 생각   ☐ 일상   ☐ 일   ☐ 기타

WHEN 이 질문이 필요한 시점은 언제인가요?

☐ 과거   ☐ 현재   ☐ 미래   ☐ 특정시점

HOW 질문으로 어떤 효과를 원하나요?

☐ 듣다   ☐ 기억하다   ☐ 찾다   ☐ 보다   ☐ 멈추다   ☐ 움직이다

QUESTION 나만의 질문 만들기

KEYWORD 질문의 탄생을 돕는 단어

#직업 #취업 #만들다 #가지다 #찾다 #경제력 #없다면 #선택 #창조
#취업 #대표 #CEO #연구 #협업 #설계 #신직업

생각의 팁. 이 질문으로 무엇을 하게 되나요?

052

'선택받는 즐거움'을 느끼고 싶다면
기회를 잡고 도전해야 한다.
당신이 도전하기 위해 필요한 것은 무엇인가?

MY THINKING 나의 생각

CHO's THINKING 조의 생각

즐거운 일을 선택하기 위한 노력 중 당신이 할 수 있는 것부터 시작해 봅시다.

SELF INTERVIEW

FOR 무엇을 위한 질문인가요?

☐ 자신 ☐ 상대 ☐ 상황 ☐ 기타

WHAT 질문은 어떤 영역에 해당하나요?

☐ 생각 ☐ 일상 ☐ 일 ☐ 기타

WHEN 이 질문이 필요한 시점은 언제인가요?

☐ 과거 ☐ 현재 ☐ 미래 ☐ 특정시점

HOW 질문으로 어떤 효과를 원하나요?

☐ 듣다 ☐ 기억하다 ☐ 찾다 ☐ 보다 ☐ 멈추다 ☐ 움직이다

QUESTION 나만의 질문 만들기

KEYWORD 질문의 탄생을 돕는 단어

#진로 #취업 #도전 #경험 #스스로 #혼자 #함께 #온라인 #오프라인 #SNS #기업 #대면 #미대면 #저요 #선택 #즐거움 #시작 #경험 #성취

생각의 팁. 이 질문으로 무엇을 하게 되나요?

053

학생 때 실패는 사회와 다르게
'성장과정'이라고 생각한다.
실패 후 성공을 이끌어 낼 수 있는
희망이 있다는 것이다.
그런데 왜 실패를 두려워할까?

MY THINKING 나의 생각

CHO's THINKING 조의 생각

실패가 두려워해보지도 않고 포기하는 것은 하지 않아야 합니다. 모든 과정은 배우는 과정이기 때문입니다.

질문은 물음표가 아니라 마침표로 끝나더라도 생각하는 시간을 통해 가벼워집니다.

SELF INTERVIEW

FOR 무엇을 위한 질문인가요?

☐ 자신　　☐ 상대　　☐ 상황　　☐ 기타

WHAT 질문은 어떤 영역에 해당하나요?

☐ 생각　　☐ 일상　　☐ 일　　☐ 기타

WHEN 이 질문이 필요한 시점은 언제인가요?

☐ 과거　　☐ 현재　　☐ 미래　　☐ 특정시점

HOW 질문으로 어떤 효과를 원하나요?

☐ 듣다　☐ 기억하다　☐ 찾다　☐ 보다　☐ 멈추다　☐ 움직이다

QUESTION 나만의 질문 만들기

KEYWORD 질문의 탄생을 돕는 단어

#경쟁 #결과 #선택 #탈락 #승진 #진급 #성과급 #학생 #성장 #희망
#두려움 #실패 #이유 #후회 #긍정 #과정 #한번 #목표지점 #발견

생각의 팁. 이 질문으로 무엇을 하게 되나요?

054

일상생활에서 살아남기 위한 전쟁 중이라면,
그것은 자신의 진정한 모습을
잃어버리지 않기 위함일까?

MY THINKING 나의 생각

CHO's THINKING 조의 생각

어떤 것이든 자신을 잃어버리지 않기 위함이며, 자신을 찾는 점이 더 중요합니다.

SELF INTERVIEW

FOR 무엇을 위한 질문인가요?

☐ 자신 ☐ 상대 ☐ 상황 ☐ 기타

WHAT 질문은 어떤 영역에 해당하나요?

☐ 생각 ☐ 일상 ☐ 일 ☐ 기타

WHEN 이 질문이 필요한 시점은 언제인가요?

☐ 과거 ☐ 현재 ☐ 미래 ☐ 특정시점

HOW 질문으로 어떤 효과를 원하나요?

☐ 듣다 ☐ 기억하다 ☐ 찾다 ☐ 보다 ☐ 멈추다 ☐ 움직이다

QUESTION 나만의 질문 만들기

KEYWORD 질문의 탄생을 돕는 단어

#일상생활 #전쟁 #기업 #나 #이유 #살아남다 #사라지다 #목적이중요
#남기고싶은것 #버티다 #수동적 #능동적 #자발적 #무기 #과정 #방법

생각의 팁. 이 질문으로 무엇을 하게 되나요?

055

보유하기 위해 투자하는 자산과
투자하여 보유하게 된 능력은 차이가 있다.
영원히 자신의 것이 되는 것은?

MY THINKING 나의 생각

CHO's THINKING 조의 생각

투자는 자신이 성장하는데 필요한 부분입니다. 그런데 '목표를 가지고 있는 것'과 '가지는 것을 목표로 갖는 것'은 분명 차이가 있습니다.

질문은 물음표가 아니라 마침표로 끝나더라도 생각하는 시간을 통해 가벼워집니다.

SELF INTERVIEW

FOR 무엇을 위한 질문인가요?

☐ 자신   ☐ 상대   ☐ 상황   ☐ 기타

WHAT 질문은 어떤 영역에 해당하나요?

☐ 생각   ☐ 일상   ☐ 일   ☐ 기타

WHEN 이 질문이 필요한 시점은 언제인가요?

☐ 과거   ☐ 현재   ☐ 미래   ☐ 특정시점

HOW 질문으로 어떤 효과를 원하나요?

☐ 듣다   ☐ 기억하다   ☐ 찾다   ☐ 보다   ☐ 멈추다   ☐ 움직이다

QUESTION 나만의 질문 만들기

KEYWORD 질문의 탄생을 돕는 단어

#진로 #인생 #보유 #투자 #능력 #영원히 #자신 #내것 #소중함 #정지 #움직임 #의식 #생각 #마음

생각의 팁. 이 질문으로 무엇을 하게 되나요?

056

생각하는 시간을 갖게 하는 활동이 있다는 것은
성장에 도움이 된다.
생각하는 시간을 위한 당신의 습관은 무엇인가?

MY THINKING 나의 생각

CHO's THINKING 조의 생각

반복적으로 하게 되는 일이 있다면 그 일을 좋아하는 뜻입니다. 이 점부터 찾아 긍정적인 출발을 해봅시다.

· 질문은 물음표가 아니라 마침표로 끝나더라도 생각하는 시간을 통해 가벼워집니다.

SELF INTERVIEW

FOR 무엇을 위한 질문인가요?

☐ 자신 ☐ 상대 ☐ 상황 ☐ 기타

WHAT 질문은 어떤 영역에 해당하나요?

☐ 생각 ☐ 일상 ☐ 일 ☐ 기타

WHEN 이 질문이 필요한 시점은 언제인가요?

☐ 과거 ☐ 현재 ☐ 미래 ☐ 특정시점

HOW 질문으로 어떤 효과를 원하나요?

☐ 듣다 ☐ 기억하다 ☐ 찾다 ☐ 보다 ☐ 멈추다 ☐ 움직이다

QUESTION 나만의 질문 만들기

| |
| |
| |
| |

KEYWORD 질문의 탄생을 돕는 단어

#자신 #습관 #생각 #시간 #성장 #진로 #고민 #루틴 #긍정 #부정 #깊이
#자기발견 #표현 #찾다 #강점

생각의 팁. 이 질문으로 무엇을 하게 되나요?

057

가격 대비 성능 '가성비', 가격 대비 만족 '가심비',
시간 대비 만족 '시심비'. 이 말들은 우리가 선택한 것을
여전히 부족하다고 생각하기 때문이다.
부족하지 않다고 생각하기 위해서는 어떻게 해야 할까?

MY THINKING 나의 생각

CHO's THINKING 조의 생각

부족한 점을 채우거나 보완하기 위한 것을 선택하지 않기 위해서, 자신의 진로에 대해 바라보는 관점이 중요합니다.

질문은 물음표가 아니라 마침표로 끝나더라도 생각하는 시간을 통해 가벼워집니다.

SELF INTERVIEW

FOR 무엇을 위한 질문인가요?

☐ 자신   ☐ 상대   ☐ 상황   ☐ 기타

WHAT 질문은 어떤 영역에 해당하나요?

☐ 생각   ☐ 일상   ☐ 일   ☐ 기타

WHEN 이 질문이 필요한 시점은 언제인가요?

☐ 과거   ☐ 현재   ☐ 미래   ☐ 특정시점

HOW 질문으로 어떤 효과를 원하나요?

☐ 듣다   ☐ 기억하다   ☐ 찾다   ☐ 보다   ☐ 멈추다   ☐ 움직이다

QUESTION 나만의 질문 만들기

KEYWORD 질문의 탄생을 돕는 단어

#긍정 #자존감 #선택 #기준 #효율 #마음 #시간 #비용 #가격 #만족
#부족 #채운다 #이유 #첫번째 #고려사항

생각의 팁. 이 질문으로 무엇을 하게 되나요?

출발하지 않고, 제자리에 있는 것이 어떤 의미가 있는가?
기회를 가졌다면, 멈추지 않고 가야 한다.
이유가 분명하다면, 멈출 수 있다.

PART. 4
시작

Start

058

걷다가 양 팔을 벌려 느껴보자.
서 있는 그 자리가 넓게 느껴질 것이다.
지금 눈을 감으면?

MY THINKING 나의 생각

CHO's THINKING 조의 생각

잠시 자신에게 집중할 수 있는 자유로운 시간을 갖는 것은 도움이 됩니다.

SELF INTERVIEW

FOR 무엇을 위한 질문인가요?

☐ 자신 ☐ 상대 ☐ 상황 ☐ 기타

WHAT 질문은 어떤 영역에 해당하나요?

☐ 생각 ☐ 일상 ☐ 일 ☐ 기타

WHEN 이 질문이 필요한 시점은 언제인가요?

☐ 과거 ☐ 현재 ☐ 미래 ☐ 특정시점

HOW 질문으로 어떤 효과를 원하나요?

☐ 듣다 ☐ 기억하다 ☐ 찾다 ☐ 보다 ☐ 멈추다 ☐ 움직이다

QUESTION 나만의 질문 만들기

KEYWORD 질문의 탄생을 돕는 단어

#걷다 #다리 #팔 #양팔 #그자리 #넓다 #생각하기나름 #눈 #감다 #여유
#산책 #쉼 #시작 #조급함 #신중함 #천천히

생각의 팁. 이 질문으로 무엇을 하게 되나요?

PART 1. 미래
PART 2. 변화
PART 3. 동기
PART 4. 시작
PART 5. 방법
PART 6. 함께
PART 7. 목표

059

'소식이 전해져 온다'라는 말과 '알게 된다'라는 말은
전달자의 차이이다.
즉, 자신의 선택은 변함이 없다.

MY THINKING 나의 생각

CHO's THINKING 조의 생각

외부로부터 들려오고 얻게 되는 많은 정보들 속에서 자신이 선택한 것이 무엇인지 잊지 말아야 합니다.

SELF INTERVIEW

FOR 무엇을 위한 질문인가요?

☐ 자신   ☐ 상대   ☐ 상황   ☐ 기타

WHAT 질문은 어떤 영역에 해당하나요?

☐ 생각   ☐ 일상   ☐ 일   ☐ 기타

WHEN 이 질문이 필요한 시점은 언제인가요?

☐ 과거   ☐ 현재   ☐ 미래   ☐ 특정시점

HOW 질문으로 어떤 효과를 원하나요?

☐ 듣다   ☐ 기억하다   ☐ 찾다   ☐ 보다   ☐ 멈추다   ☐ 움직이다

QUESTION 나만의 질문 만들기

KEYWORD 질문의 탄생을 돕는 단어

#진로 #취업 #자기주도적 #학습 #참여 #정보 #제공 #찾기 #소식
#전하다 #알리다 #알림 #울리다 #전달자 #선택 #자신

생각의 팁. 이 질문으로 무엇을 하게 되나요?

060

'합격'.
언제나 듣기 좋은 단어이다.
기준을 통과했다는 것이며 시작을 의미한다.

MY THINKING 나의 생각

CHO's THINKING 조의 생각

합격은 끝이 아니라 시작이며, 기준을 통과했기 때문에 준비가 됐다는 것입니다. 이제 그 이후를 위한 준비가 계속되어야 합니다.

질문은 물음표가 아니라 마침표로 끝나더라도 생각하는 시간을 통해 가벼워집니다.

SELF INTERVIEW

FOR　무엇을 위한 질문인가요?

☐ 자신　　☐ 상대　　☐ 상황　　☐ 기타

WHAT　질문은 어떤 영역에 해당하나요?

☐ 생각　　☐ 일상　　☐ 일　　☐ 기타

WHEN　이 질문이 필요한 시점은 언제인가요?

☐ 과거　　☐ 현재　　☐ 미래　　☐ 특정시점

HOW　질문으로 어떤 효과를 원하나요?

☐ 듣다　☐ 기억하다　☐ 찾다　☐ 보다　☐ 멈추다　☐ 움직이다

QUESTION　나만의 질문 만들기

KEYWORD　질문의 탄생을 돕는 단어

#합격 #시험 #준비 #자격 #단어 #기준 #통과 #시작 #끝 #과정 #성실함 #전략 #단계 #다음

생각의 팁. 이 질문으로 무엇을 하게 되나요?

061

나중에. 이따가. 내일. 후에. 지금 해야 해?
이런 말을 실행하면
기다림의 기회가 되기도 하고,
되돌릴 수 없는 후회를 부르기도 한다.
이 말이 들릴 때 자신에게 필요한 것은?

MY THINKING 나의 생각

CHO's THINKING 조의 생각

기회 또는 후회

이런 단어가 들려올 때 내가 어떻게 생각하고, 판단하느냐에 따라 상황은 달라집니다. 여기에서 도움이 되기 위해 필요한 점은 무엇인지 생각해 보는 것이 필요합니다.

SELF INTERVIEW

FOR 무엇을 위한 질문인가요?

☐ 자신   ☐ 상대   ☐ 상황   ☐ 기타

WHAT 질문은 어떤 영역에 해당하나요?

☐ 생각   ☐ 일상   ☐ 일   ☐ 기타

WHEN 이 질문이 필요한 시점은 언제인가요?

☐ 과거   ☐ 현재   ☐ 미래   ☐ 특정시점

HOW 질문으로 어떤 효과를 원하나요?

☐ 듣다   ☐ 기억하다   ☐ 찾다   ☐ 보다   ☐ 멈추다   ☐ 움직이다

QUESTION 나만의 질문 만들기

KEYWORD 질문의 탄생을 돕는 단어

#결정 #목표 #목적 #반응 #우선순위 #생각 #고민 #진로 #취업 #커리어 #미래 #결과 #예상 #공감 #멘토 #조언자 #입장

생각의 팁. 이 질문으로 무엇을 하게 되나요?

062

우리는 새로운 기회를 얻기 위해
힘들었다는 것을 잊지 말자.
쉽게 포기하지 말자.

MY THINKING 나의 생각

CHO's THINKING 조의 생각

기회를 얻기 위해 노력한 시간들을 기억하면 쉽게 포기하지 않게 됩니다.
자신의 노력을 정리하는 것만으로도 도움이 되니까요.

질문은 물음표가 아니라 마침표로 끝나더라도 생각하는 시간을 통해 가벼워집니다.

SELF INTERVIEW

FOR 무엇을 위한 질문인가요?

☐ 자신   ☐ 상대   ☐ 상황   ☐ 기타

WHAT 질문은 어떤 영역에 해당하나요?

☐ 생각   ☐ 일상   ☐ 일   ☐ 기타

WHEN 이 질문이 필요한 시점은 언제인가요?

☐ 과거   ☐ 현재   ☐ 미래   ☐ 특정시점

HOW 질문으로 어떤 효과를 원하나요?

☐ 듣다   ☐ 기억하다   ☐ 찾다   ☐ 보다   ☐ 멈추다   ☐ 움직이다

QUESTION 나만의 질문 만들기

KEYWORD 질문의 탄생을 돕는 단어

#기회 #힘들다 #노력 #최선 #잊지말자 #쉽게 #말자 #새로운 #도전 #계속 #파이팅 #시간 #이유 #제자리

생각의 팁. 이 질문으로 무엇을 하게 되나요?

063

'다시'는 긍정적인 말일까? 부정적인 말일까?
부정이라고 생각한다면,
긍정적인 말이 되도록 노력하면 된다.

MY THINKING 나의 생각

CHO's THINKING 조의 생각

부정적인 면 보다 긍정적인 면을 바라보고, 노력해 보자가 아니라 노력하면 된다고 확신을 갖고 시작해 봅시다.

SELF INTERVIEW

FOR 무엇을 위한 질문인가요?

☐ 자신   ☐ 상대   ☐ 상황   ☐ 기타

WHAT 질문은 어떤 영역에 해당하나요?

☐ 생각   ☐ 일상   ☐ 일   ☐ 기타

WHEN 이 질문이 필요한 시점은 언제인가요?

☐ 과거   ☐ 현재   ☐ 미래   ☐ 특정시점

HOW 질문으로 어떤 효과를 원하나요?

☐ 듣다   ☐ 기억하다   ☐ 찾다   ☐ 보다   ☐ 멈추다   ☐ 움직이다

QUESTION 나만의 질문 만들기

KEYWORD 질문의 탄생을 돕는 단어

#긍정 #부정 #다시 #입장 #상황 #기업 #무엇을 #말 #첫마디 #노력
#우리 #해봅시다 #반복 #학습 #능숙함

생각의 팁. 이 질문으로 무엇을 하게 되나요?

PART 1. 미래
PART 2. 변화
PART 3. 동기
PART 4. 시작
PART 5. 방법
PART 6. 함께
PART 7. 목표

064

상대를 인정하는 것과 스스로를 인정하는 것
둘 다 어렵다.
무엇부터 인정해야 할까?

MY THINKING 나의 생각

CHO's THINKING 조의 생각

자기 자신을 인정하고 알아야 시작을 위해 적합한 준비를 할 수 있고, 좋은 결과를 얻을 수 있습니다.

SELF INTERVIEW

FOR 무엇을 위한 질문인가요?

☐ 자신   ☐ 상대   ☐ 상황   ☐ 기타

WHAT 질문은 어떤 영역에 해당하나요?

☐ 생각   ☐ 일상   ☐ 일   ☐ 기타

WHEN 이 질문이 필요한 시점은 언제인가요?

☐ 과거   ☐ 현재   ☐ 미래   ☐ 특정시점

HOW 질문으로 어떤 효과를 원하나요?

☐ 듣다   ☐ 기억하다   ☐ 찾다   ☐ 보다   ☐ 멈추다   ☐ 움직이다

QUESTION 나만의 질문 만들기

KEYWORD 질문의 탄생을 돕는 단어

#인정 #증명 #확인 #자신감 #상대 #자신 #둘 #어렵다 #받아들이다
#함께하는것 #열심히 #노력 #좋아하는것 #자신과싸움 #하늘을보는것
#신나는것 #재미있는것

생각의 팁. 이 질문으로 무엇을 하게 되나요?

PART 1. 미래 | PART 2. 변화 | PART 3. 동기 | **PART 4. 시작** | PART 5. 방법 | PART 6. 함께 | PART 7. 목표

065

'분리수거'를 시작한 이유는 무엇일까?
지키기 위해, 확보하기 위해, 그리고 또다시 활용하여
부족한 부분을 채우기 위해서이다.

MY THINKING 나의 생각

CHO's THINKING 조의 생각

미래의 자신의 방향에 대한 구분이 필요합니다. 그 구분에 어떤 점이 주된 목적인지에 따라 달라질 수 있기 때문이죠.

SELF INTERVIEW

FOR 무엇을 위한 질문인가요?

☐ 자신　　☐ 상대　　☐ 상황　　☐ 기타

WHAT 질문은 어떤 영역에 해당하나요?

☐ 생각　　☐ 일상　　☐ 일　　☐ 기타

WHEN 이 질문이 필요한 시점은 언제인가요?

☐ 과거　　☐ 현재　　☐ 미래　　☐ 특정시점

HOW 질문으로 어떤 효과를 원하나요?

☐ 듣다　☐ 기억하다　☐ 찾다　☐ 보다　☐ 멈추다　☐ 움직이다

QUESTION 나만의 질문 만들기

KEYWORD 질문의 탄생을 돕는 단어

#진로 #분리수거 #이유 #찾자 #지키기위해 #확보하기위해
#다시활용하기위해 #로드맵 #부족한 #보완 #잘하는거 #확대 #강화
#채워보자 #자신의보따리

생각의 팁. 이 질문으로 무엇을 하게 되나요?

PART 4. 시적

066

내가 갖춘 자격이 부여한 책임을 잊지 말아야 한다.
책임을 잊는 순간 자격은 사라진다.

MY THINKING 나의 생각

CHO's THINKING 조의 생각

어떤 자리나 위치에 있다는 것은 책임을 가지고 행해야 한다는 것입니다. 그래서 그 자리에 가기 위해서는 따르는 책임이 무엇인지도 알아야 합니다. 그렇지 않으면 그 자리에 가는 것이 무의미할 수 있습니다.

질문은 물음표가 아니라 마침표로 끝나더라도 생각하는 시간을 통해 가벼워집니다.

SELF INTERVIEW

FOR　무엇을 위한 질문인가요?

☐ 자신　　☐ 상대　　☐ 상황　　☐ 기타

WHAT　질문은 어떤 영역에 해당하나요?

☐ 생각　　☐ 일상　　☐ 일　　☐ 기타

WHEN　이 질문이 필요한 시점은 언제인가요?

☐ 과거　　☐ 현재　　☐ 미래　　☐ 특정시점

HOW　질문으로 어떤 효과를 원하나요?

☐ 듣다　☐ 기억하다　☐ 찾다　☐ 보다　☐ 멈추다　☐ 움직이다

QUESTION　나만의 질문 만들기

| |
| |
| |
| |

KEYWORD　질문의 탄생을 돕는 단어

#자격 #갖추다 #책임 #사라진다 #흔적
#그렇기에 #꾸준히 #계속 #노력해야한다 #유지 #확장 #이유

PART 1. 미래
PART 2. 변화
PART 3. 동기
PART 4. 시작
PART 5. 방법
PART 6. 함께
PART 7. 목표

생각의 팁. 이 질문으로 무엇을 하게 되나요?

067

김치를 오랫동안 먹기 위해 김장을 한다.
우리는 미래에 필요한 무엇을 저장할 것인가?

MY THINKING 나의 생각

CHO's THINKING 조의 생각

진로란 일회성이 아닌 장기적 관점에서 고민해야 하는 것입니다.
이 과정에서 자신이 갖추고, 쌓아야 할 것들이 무엇인지 알아봅시다.

질문은 물음표가 아니라 마침표로 끝나더라도 생각하는 시간을 통해 가벼워집니다.

SELF INTERVIEW

FOR 무엇을 위한 질문인가요?

☐ 자신   ☐ 상대   ☐ 상황   ☐ 기타

WHAT 질문은 어떤 영역에 해당하나요?

☐ 생각   ☐ 일상   ☐ 일   ☐ 기타

WHEN 이 질문이 필요한 시점은 언제인가요?

☐ 과거   ☐ 현재   ☐ 미래   ☐ 특정시점

HOW 질문으로 어떤 효과를 원하나요?

☐ 듣다   ☐ 기억하다   ☐ 찾다   ☐ 보다   ☐ 멈추다   ☐ 움직이다

QUESTION 나만의 질문 만들기

KEYWORD 질문의 탄생을 돕는 단어

#진로 #미래 #김장 #김치 #무 #축제 #저장 #꼭 #준비 #변화 #전략 #필요 #조건 #역량 #마음 #느낌

생각의 팁. 이 질문으로 무엇을 하게 되나요?

068

본질을 묻는 질문이 다가올 때가 있다.
이때 자신의 성찰된 대답이 가능하다면,
잘 하고 있는 것이다.

MY THINKING 나의 생각

CHO's THINKING 조의 생각

진정성
진심은 자신의 성찰의 깊이에 따라 나타납니다.

SELF INTERVIEW

FOR 무엇을 위한 질문인가요?

☐ 자신   ☐ 상대   ☐ 상황   ☐ 기타

WHAT 질문은 어떤 영역에 해당하나요?

☐ 생각   ☐ 일상   ☐ 일   ☐ 기타

WHEN 이 질문이 필요한 시점은 언제인가요?

☐ 과거   ☐ 현재   ☐ 미래   ☐ 특정시점

HOW 질문으로 어떤 효과를 원하나요?

☐ 듣다   ☐ 기억하다   ☐ 찾다   ☐ 보다   ☐ 멈추다   ☐ 움직이다

QUESTION 나만의 질문 만들기

KEYWORD 질문의 탄생을 돕는 단어

#진로 #방향 #본질 #근본 #던져진다 #다가온다 #떠오른다 #왜
#여기있지 #하고있지 #성찰 #대답 #잘하고있다 #파이팅

PART 1. 미래
PART 2. 변화
PART 3. 동기
PART 4. 시작
PART 5. 방법
PART 6. 함께
PART 7. 목표

생각의 팁. 이 질문으로 무엇을 하게 되나요?

069

불완전한 미래가 예상된다면,
데이터로 한 번 더 확인하고,
기다리지 말고, 투자해야 한다.
이는 오랫동안 생존하는 기업의 행동이다.

MY THINKING 나의 생각

CHO's THINKING 조의 생각

진로를 고민한다는 것은 자신이 살아있음을 알려주는 것입니다. 여기에는 불완전성이 존재하므로 축적된 데이터로 판단하면 보다 빨리 도전할 수 있습니다. 그 예로 오래된 기업의 역사는 미래 투자에 도움이 됩니다.

질문은 물음표가 아니라 마침표로 끝나더라도 생각하는 시간을 통해 가벼워집니다.

SELF INTERVIEW

FOR 무엇을 위한 질문인가요?

☐ 자신   ☐ 상대   ☐ 상황   ☐ 기타

WHAT 질문은 어떤 영역에 해당하나요?

☐ 생각   ☐ 일상   ☐ 일   ☐ 기타

WHEN 이 질문이 필요한 시점은 언제인가요?

☐ 과거   ☐ 현재   ☐ 미래   ☐ 특정시점

HOW 질문으로 어떤 효과를 원하나요?

☐ 듣다   ☐ 기억하다   ☐ 찾다   ☐ 보다   ☐ 멈추다   ☐ 움직이다

QUESTION 나만의 질문 만들기

KEYWORD 질문의 탄생을 돕는 단어

#진로 #생존 #불안전 #예상 #미래 #데이터 #기다리다 #투자 #기업 #행동 #개인도 #똑같이 #투자란 #시간 #노력 #협업 #팀 #활동 #경험 #확장

생각의 팁. 이 질문으로 무엇을 하게 되나요?

070

우리가 마주한 것들은 연속적이고, 연관되어 있다. 그런데 자신이 경험할 것들을 '일회성'으로 대하면, 어떤 투자를 할까?

MY THINKING 나의 생각

CHO's THINKING 조의 생각

순간이 아닌 계속이라는 생각을 가지고 시작해야 최선을 다하게 됩니다. 그렇지 않으면 적당히라는 마음과 태도로 대하게 되며, 그 이후에는 의미가 사라질 수 있습니다.

SELF INTERVIEW

FOR 무엇을 위한 질문인가요?
☐ 자신　　☐ 상대　　☐ 상황　　☐ 기타

WHAT 질문은 어떤 영역에 해당하나요?
☐ 생각　　☐ 일상　　☐ 일　　☐ 기타

WHEN 이 질문이 필요한 시점은 언제인가요?
☐ 과거　　☐ 현재　　☐ 미래　　☐ 특정시점

HOW 질문으로 어떤 효과를 원하나요?
☐ 듣다　☐ 기억하다　☐ 찾다　☐ 보다　☐ 멈추다　☐ 움직이다

QUESTION 나만의 질문 만들기

KEYWORD 질문의 탄생을 돕는 단어

#경험 #경력 #커리어 #교육 #일회성 #가치 #태도 #다르다 #연속성
#연계 #투자 #활용가치 #의미부여 #적극성 #열정 #동기 #마음자세

생각의 팁. 이 질문으로 무엇을 하게 되나요?

PART 1. 미래
PART 2. 변화
PART 3. 동기
PART 4. 시작
PART 5. 방법
PART 6. 함께
PART 7. 목표

071

당신의 24시간!
학습은 집중하는 시간이,
경험은 사람들과 함께 한 시간이 중요하다.
그럼 사회생활에서 관리해야 할 중요한 시간은 무엇인가?

MY THINKING 나의 생각

CHO's THINKING 조의 생각

똑같이 주어진 24시간 중에서 자신이 현재 중요하게 해야 할 것들에 대한 시간관리가 필요합니다.

SELF INTERVIEW

FOR 무엇을 위한 질문인가요?
☐ 자신　　☐ 상대　　☐ 상황　　☐ 기타

WHAT 질문은 어떤 영역에 해당하나요?
☐ 생각　　☐ 일상　　☐ 일　　☐ 기타

WHEN 이 질문이 필요한 시점은 언제인가요?
☐ 과거　　☐ 현재　　☐ 미래　　☐ 특정시점

HOW 질문으로 어떤 효과를 원하나요?
☐ 듣다　☐ 기억하다　☐ 찾다　☐ 보다　☐ 멈추다　☐ 움직이다

QUESTION 나만의 질문 만들기

KEYWORD 질문의 탄생을 돕는 단어

#하루 #24시간 #똑같다 #학습 #집중 #경험 #함께한시간 #함께한사람
#사회생활 #관리시간 #체크 #피드백 #반성 #재도전 #관계 #성과 #지속
#동기 #의욕 #미래 #투자

생각의 팁. 이 질문으로 무엇을 하게 되나요?

072

'스스로' '멈춤'을 선택할 수 있다는 것은
자유롭게 생활할 수 있는 조건 한 가지를 갖춘 것이다.
당신은 무엇을 멈추었는가?

MY THINKING 나의 생각

CHO's THINKING 조의 생각

멈춤이 필요한 시기가 있습니다. 그 결정을 내릴 수 있다는 것은 자신이 자유롭고, 내면적으로 강하다는 것입니다. 멈춘 것들에 대한 이유보다는 그 결정을 내린 시기를 기억해 봅시다.

질문은 물음표가 아니라 마침표로 끝나더라도 생각하는 시간을 통해 가벼워집니다.

SELF INTERVIEW

FOR 무엇을 위한 질문인가요?

☐ 자신 ☐ 상대 ☐ 상황 ☐ 기타

WHAT 질문은 어떤 영역에 해당하나요?

☐ 생각 ☐ 일상 ☐ 일 ☐ 기타

WHEN 이 질문이 필요한 시점은 언제인가요?

☐ 과거 ☐ 현재 ☐ 미래 ☐ 특정시점

HOW 질문으로 어떤 효과를 원하나요?

☐ 듣다 ☐ 기억하다 ☐ 찾다 ☐ 보다 ☐ 멈추다 ☐ 움직이다

QUESTION 나만의 질문 만들기

KEYWORD 질문의 탄생을 돕는 단어

#멈춤 #자제력 #억제력 #판단력 #기준 #역량 #힘 #자립심 #독립심
#의지 #스스로 #자유 #생활 #조건 #경험 #생각 #되돌아본다 #피드백
#뒤 #앞 #기다림

생각의 팁. 이 질문으로 무엇을 하게 되나요?

PART 1. 미래

PART 2. 변화

PART 3. 동기

PART 4. 시작

PART 5. 방법

PART 6. 함께

PART 7. 목표

073

드라마에서 한 배우가 이렇게 말했다.
"내 한계를 왜 남들이 결정하지?"
상대가 어떤 말을 했길래 이렇게 말했을까?
당신이라면 어떤 말을 들었을 때 이렇게 말하겠는가?

MY THINKING 나의 생각

CHO's THINKING 조의 생각

누군가의 말에 자신의 한계를 설정하지 말고, 자신 스스로 생각해야 합니다. 그리고 이 말을 누군가에게 듣게 되었다면?
그때 상황을 그려봅시다.

질문은 물음표가 아니라 마침표로 끝나더라도 생각하는 시간을 통해 가벼워집니다.

SELF INTERVIEW

FOR 무엇을 위한 질문인가요?
☐ 자신 ☐ 상대 ☐ 상황 ☐ 기타

WHAT 질문은 어떤 영역에 해당하나요?
☐ 생각 ☐ 일상 ☐ 일 ☐ 기타

WHEN 이 질문이 필요한 시점은 언제인가요?
☐ 과거 ☐ 현재 ☐ 미래 ☐ 특정시점

HOW 질문으로 어떤 효과를 원하나요?
☐ 듣다 ☐ 기억하다 ☐ 찾다 ☐ 보다 ☐ 멈추다 ☐ 움직이다

QUESTION 나만의 질문 만들기

KEYWORD 질문의 탄생을 돕는 단어

#대행사 #VC기획 #배우 #이보영 #마지막대사 #한계 #남들 #결정
#질문 #후회하진않으세요 #묻는다 #결정에대해

생각의 팁. 이 질문으로 무엇을 하게 되나요?

PART 1. 미래
PART 2. 변화
PART 3. 동기
PART 4. 시작
PART 5. 방법
PART 6. 함께
PART 7. 목표

해결이 아닌 찾기 위한 것이다.
스스로 가능해야 한다.
불가능은 없다. 꾸준한 노력은 분명 결과로 나타날 것이다.

PART. 5
방법

Method

074

우리는 상상한다.
원하는 모습을 그리고, 원하지 않는 결과를 예상한다.
이것은 누구의 상상인가?

MY THINKING 나의 생각

CHO's THINKING 조의 생각

누구나 현재에서 미래의 결과를 생각합니다. 하지만 어떤 상상을 하는지는 자신이 결정하는 것입니다. 결국 두 가지다 자신이니까요.

SELF INTERVIEW

FOR 무엇을 위한 질문인가요?

☐ 자신　　☐ 상대　　☐ 상황　　☐ 기타

WHAT 질문은 어떤 영역에 해당하나요?

☐ 생각　　☐ 일상　　☐ 일　　☐ 기타

WHEN 이 질문이 필요한 시점은 언제인가요?

☐ 과거　　☐ 현재　　☐ 미래　　☐ 특정시점

HOW 질문으로 어떤 효과를 원하나요?

☐ 듣다　☐ 기억하다　☐ 찾다　☐ 보다　☐ 멈추다　☐ 움직이다

QUESTION 나만의 질문 만들기

| |
| |

KEYWORD 질문의 탄생을 돕는 단어

#상상 #그리다 #희망 #결과 #긍정 #부정 #미래 #자신감 #진로 #취업 #스펙 #자격 #삶 #상대 #분석 #우선순위

생각의 팁. 이 질문으로 무엇을 하게 되나요?

PART 1. 미래
PART 2. 변화
PART 3. 동기
PART 4. 시작
PART 5. 방법
PART 6. 함께
PART 7. 목표

075

우리는 가능과 불가능을 판단하기를 원한다.
이는 시작하기 위한 것일까, 포기하기 위한 것일까.
가능 여부보다는 방법을 먼저 생각해 보면 어떨까?

MY THINKING 나의 생각

CHO's THINKING 조의 생각

시작을 머뭇거릴 때가 있습니다. 그때는 방법을 먼저 생각하는 것이 실현 가능성을 판단하는 데 도움이 될 수 있습니다.

질문은 물음표가 아니라 마침표로 끝나더라도 생각하는 시간을 통해 가벼워집니다.

SELF INTERVIEW

FOR 무엇을 위한 질문인가요?

☐ 자신   ☐ 상대   ☐ 상황   ☐ 기타

WHAT 질문은 어떤 영역에 해당하나요?

☐ 생각   ☐ 일상   ☐ 일   ☐ 기타

WHEN 이 질문이 필요한 시점은 언제인가요?

☐ 과거   ☐ 현재   ☐ 미래   ☐ 특정시점

HOW 질문으로 어떤 효과를 원하나요?

☐ 듣다   ☐ 기억하다   ☐ 찾다   ☐ 보다   ☐ 멈추다   ☐ 움직이다

QUESTION 나만의 질문 만들기

KEYWORD 질문의 탄생을 돕는 단어

#시작 #판단 #생각의시작 #이유 #불가능 #가능 #포기 #시작 #진행
#방법 #찾다 #필요 #해결 #끝까지 #가야한다 #알게된다

생각의 팁. 이 질문으로 무엇을 하게 되나요?

076

자신에게 '보고'하고 있는가?
결재는 어떻게 하는가?
이는 모두 자기점검을 위한 생각이다.

MY THINKING 나의 생각

CHO's THINKING 조의 생각

되돌아보는 시간은 중요합니다. 그런데 아시나요? 어떻게 확인할 수 있는지를 명확히 하는 것도 중요하다는 것을 말이죠!

질문은 물음표가 아니라 마침표로 끝나더라도 생각하는 시간을 통해 가벼워집니다.

SELF INTERVIEW

FOR 무엇을 위한 질문인가요?

☐ 자신   ☐ 상대   ☐ 상황   ☐ 기타

WHAT 질문은 어떤 영역에 해당하나요?

☐ 생각   ☐ 일상   ☐ 일   ☐ 기타

WHEN 이 질문이 필요한 시점은 언제인가요?

☐ 과거   ☐ 현재   ☐ 미래   ☐ 특정시점

HOW 질문으로 어떤 효과를 원하나요?

☐ 듣다   ☐ 기억하다   ☐ 찾다   ☐ 보다   ☐ 멈추다   ☐ 움직이다

QUESTION 나만의 질문 만들기

KEYWORD 질문의 탄생을 돕는 단어

#보고 #자기 #결재 #자기점검 #진행중 #무엇을 #왜 #스스로
#되돌아보다 #진행 #준비 #계획 #미래

생각의 팁. 이 질문으로 무엇을 하게 되나요?

077

알고도 하지 않는 것은 자신의 선택이다.
몰라서 못하는 것은?
어떻게 다가가야 할까?

MY THINKING 나의 생각

CHO's THINKING 조의 생각

모르는 것에 대한 방법을 찾는 것
자신이 먼저 다가가야 가능합니다.

SELF INTERVIEW

FOR 무엇을 위한 질문인가요?

☐ 자신　　☐ 상대　　☐ 상황　　☐ 기타

WHAT 질문은 어떤 영역에 해당하나요?

☐ 생각　　☐ 일상　　☐ 일　　☐ 기타

WHEN 이 질문이 필요한 시점은 언제인가요?

☐ 과거　　☐ 현재　　☐ 미래　　☐ 특정시점

HOW 질문으로 어떤 효과를 원하나요?

☐ 듣다　☐ 기억하다　☐ 찾다　☐ 보다　☐ 멈추다　☐ 움직이다

QUESTION 나만의 질문 만들기

KEYWORD 질문의 탄생을 돕는 단어

#안다 #모른다 #누가 #HOW #나타난다 #보인다 #결정한다 #선택한다
#방황 #텅빈 #외로운것 #혼자 #둘 #멀리가자

생각의 팁. 이 질문으로 무엇을 하게 되나요?

078

'꾸준함'이 중요한 이유는 무엇일까?
스스로를 믿게 하고, 위험을 최소화하며,
현 상황을 유지할 수 있게 해 주기 때문이다.
당신이 지금 꾸준히 하고 있는 것은?

MY THINKING 나의 생각

CHO's THINKING 조의 생각

지속적으로 하고 있다는 것은 자기관리의 방법이자 관심사 확인, 증명되는 행동 또는 흔적으로 자신의 동력이 됩니다. 그러니 찾아봅시다.

질문은 물음표가 아니라 마침표로 끝나더라도 생각하는 시간을 통해 가벼워집니다.

SELF INTERVIEW

FOR 무엇을 위한 질문인가요?

☐ 자신　　☐ 상대　　☐ 상황　　☐ 기타

WHAT 질문은 어떤 영역에 해당하나요?

☐ 생각　　☐ 일상　　☐ 일　　☐ 기타

WHEN 이 질문이 필요한 시점은 언제인가요?

☐ 과거　　☐ 현재　　☐ 미래　　☐ 특정시점

HOW 질문으로 어떤 효과를 원하나요?

☐ 듣다　☐ 기억하다　☐ 찾다　☐ 보다　☐ 멈추다　☐ 움직이다

QUESTION 나만의 질문 만들기

KEYWORD 질문의 탄생을 돕는 단어

#꾸준함 #믿음 #신뢰 #위험 #최소화 #상황 #유지 #지속 #포기
#통제가능 #위기극복 #지속 #변화 #적응

생각의 팁. 이 질문으로 무엇을 하게 되나요?

079

없어졌다. 사라졌다. 지나갔다. 놓쳤다. 잃어버렸다.
이런 상황이 되면 만회하려고 노력한다.
이건 과연 옳은 것일까?

MY THINKING 나의 생각

CHO's THINKING 조의 생각

이런 상황에서 자신이 해야 할 것들에 대한 선택은 어떻게 결정되는지 점검이 필요합니다.

SELF INTERVIEW

FOR 무엇을 위한 질문인가요?

☐ 자신 ☐ 상대 ☐ 상황 ☐ 기타

WHAT 질문은 어떤 영역에 해당하나요?

☐ 생각 ☐ 일상 ☐ 일 ☐ 기타

WHEN 이 질문이 필요한 시점은 언제인가요?

☐ 과거 ☐ 현재 ☐ 미래 ☐ 특정시점

HOW 질문으로 어떤 효과를 원하나요?

☐ 듣다 ☐ 기억하다 ☐ 찾다 ☐ 보다 ☐ 멈추다 ☐ 움직이다

QUESTION 나만의 질문 만들기

KEYWORD 질문의 탄생을 돕는 단어

#기억 #실망 #실패 #좌절 #패배 #만회 #극복 #재도전 #조절 #조정
#다른계획 #창의적 #생각실험 #전환 #역전 #시간 #현재

생각의 팁. 이 질문으로 무엇을 하게 되나요?

080

머물러 있다는 걸 알게 되었을 때 찾아야 한다.
시간을, 사람을, 공간을, 할 것들을.
지금 무엇을 찾으려 하는가?

MY THINKING 나의 생각

CHO's THINKING 조의 생각

머문다는 것은 자신만의 시간이 있다는 것입니다. 그러니 불안해할 필요 없습니다. 우리에게는 찾을 시간이 있습니다.

SELF INTERVIEW

FOR 무엇을 위한 질문인가요?

☐ 자신　　☐ 상대　　☐ 상황　　☐ 기타

WHAT 질문은 어떤 영역에 해당하나요?

☐ 생각　　☐ 일상　　☐ 일　　☐ 기타

WHEN 이 질문이 필요한 시점은 언제인가요?

☐ 과거　　☐ 현재　　☐ 미래　　☐ 특정시점

HOW 질문으로 어떤 효과를 원하나요?

☐ 듣다　☐ 기억하다　☐ 찾다　☐ 보다　☐ 멈추다　☐ 움직이다

QUESTION 나만의 질문 만들기

KEYWORD 질문의 탄생을 돕는 단어

#찾자 #머물다 #지루하다 #똑같다 #아깝다 #멍 #고민한다 #생각한다
#시간 #사람 #공간 #일 #아르바이트 #여행 #도전 #참여 #멘토 #친구
#가족 #함께 #나누다

생각의 팁. 이 질문으로 무엇을 하게 되나요?

081

'못하니까 불렀지' 아이가 엄마에게 이렇게 말한다.
자신의 힘으로 안 되는 것으로 판단하고
도움을 요청한 것이다.
이는 빠른 문제해결 방법이다.

MY THINKING 나의 생각

CHO's THINKING 조의 생각

경험을 해 보면, 자신이 판단할 수 있습니다. 문제는 혼자 가지고 있을 것이 아니고 도움을 요청하면 됩니다.

SELF INTERVIEW

FOR 무엇을 위한 질문인가요?

☐ 자신   ☐ 상대   ☐ 상황   ☐ 기타

WHAT 질문은 어떤 영역에 해당하나요?

☐ 생각   ☐ 일상   ☐ 일   ☐ 기타

WHEN 이 질문이 필요한 시점은 언제인가요?

☐ 과거   ☐ 현재   ☐ 미래   ☐ 특정시점

HOW 질문으로 어떤 효과를 원하나요?

☐ 듣다   ☐ 기억하다   ☐ 찾다   ☐ 보다   ☐ 멈추다   ☐ 움직이다

QUESTION 나만의 질문 만들기

KEYWORD 질문의 탄생을 돕는 단어

#직장인 #문제해결 #NCS #아이 #엄마 #부르다 #못한다 #어렵다
#혼자어렵다 #판단 #요청 #부탁 #신속 #대처 #빠르다 #시대 #상황
#접근

생각의 팁. 이 질문으로 무엇을 하게 되나요?

082

자기반성의 기회를 갖기 위해 표현하는 연습을 해 보자.
보여주지 않아도 된다.
이 자체만으로도 자신감을 갖게 한다.

MY THINKING 나의 생각

CHO's THINKING 조의 생각

되돌아보는 연습은 자신을 성장시킬 수 있습니다. 자신감은 실패에서 원인을 찾아 해결하는 것만으로도 UP 시켜 줍니다.

질문은 물음표가 아니라 마침표로 끝나더라도 생각하는 시간을 통해 가벼워집니다.

SELF INTERVIEW

FOR 무엇을 위한 질문인가요?

☐ 자신　　☐ 상대　　☐ 상황　　☐ 기타

WHAT 질문은 어떤 영역에 해당하나요?

☐ 생각　　☐ 일상　　☐ 일　　☐ 기타

WHEN 이 질문이 필요한 시점은 언제인가요?

☐ 과거　　☐ 현재　　☐ 미래　　☐ 특정시점

HOW 질문으로 어떤 효과를 원하나요?

☐ 듣다　☐ 기억하다　☐ 찾다　☐ 보다　☐ 멈추다　☐ 움직이다

QUESTION 나만의 질문 만들기

　

KEYWORD 질문의 탄생을 돕는 단어

#진로 #취업 #미래 #반성 #표현 #기회 #연습 #목적없이 #그자체
#자신감갖기 #훈련 #시간 #찾자 #만들자

생각의 팁. 이 질문으로 무엇을 하게 되나요?

PART 1. 미래　PART 2. 변화　PART 3. 동기　PART 4. 시작　**PART 5. 방법**　PART 6. 함께　PART 7. 목표

083

당신은 필요에 의해 찾은 정보로 이끌어가는가?
아님 맞춤으로 접하는 정보에 끌려가고 있는가?

MY THINKING 나의 생각

CHO's THINKING 조의 생각

정보를 접하는 태도가 중요합니다. 또한 주도적으로 행동하지 않으면 누군가에 의해 자신의 길이 아닌 다른 길로 가고 있을지도 모르기 때문입니다.

SELF INTERVIEW

FOR 무엇을 위한 질문인가요?

☐ 자신 ☐ 상대 ☐ 상황 ☐ 기타

WHAT 질문은 어떤 영역에 해당하나요?

☐ 생각 ☐ 일상 ☐ 일 ☐ 기타

WHEN 이 질문이 필요한 시점은 언제인가요?

☐ 과거 ☐ 현재 ☐ 미래 ☐ 특정시점

HOW 질문으로 어떤 효과를 원하나요?

☐ 듣다 ☐ 기억하다 ☐ 찾다 ☐ 보다 ☐ 멈추다 ☐ 움직이다

QUESTION 나만의 질문 만들기

KEYWORD 질문의 탄생을 돕는 단어

#AI #정보 #빨리 #정확히 #적용 #활용 #코딩 #맞춤 #접하다 #이끌다
#끌려가다 #나는 #지금 #시간 #효과적 #비효율적

생각의 팁. 이 질문으로 무엇을 하게 되나요?

084

공간이 가져다 주는 영향은
진로와 직업 선택에 중요하다.
자신이 만족했던 곳은?

MY THINKING 나의 생각

CHO's THINKING 조의 생각

공간도 자신이 결정하는데 필요한 한 가지 요소입니다. 만족을 느끼는 공간이 어디였는지 떠올려봅시다.

질문은 물음표가 아니라 마침표로 끝나더라도 생각하는 시간을 통해 가벼워집니다.

SELF INTERVIEW

FOR 무엇을 위한 질문인가요?

☐ 자신 ☐ 상대 ☐ 상황 ☐ 기타

WHAT 질문은 어떤 영역에 해당하나요?

☐ 생각 ☐ 일상 ☐ 일 ☐ 기타

WHEN 이 질문이 필요한 시점은 언제인가요?

☐ 과거 ☐ 현재 ☐ 미래 ☐ 특정시점

HOW 질문으로 어떤 효과를 원하나요?

☐ 듣다 ☐ 기억하다 ☐ 찾다 ☐ 보다 ☐ 멈추다 ☐ 움직이다

QUESTION 나만의 질문 만들기

KEYWORD 질문의 탄생을 돕는 단어

#진로 #취업 #만족 #공간 #재미 #결과 #보람 #신남 #직업 #일자리
#중요 #경제적 #정신적 #환경 #만들어가자

생각의 팁. 이 질문으로 무엇을 하게 되나요?

085

자신이 원하는 것을 기억 못 하는 것은 어떤 기분일까?
잊지 않게 하기 위해 해야 할 일은 무엇인가?

MY THINKING 나의 생각

CHO's THINKING 조의 생각

자신이 생각하는 방향을 지속적으로 자각해야 합니다. 그렇지 않으면 가고는 있지만 방향을 잃어버릴 수 있습니다. 이런 기분을 느끼지 않기 바랍니다.

SELF INTERVIEW

FOR 무엇을 위한 질문인가요?

☐ 자신   ☐ 상대   ☐ 상황   ☐ 기타

WHAT 질문은 어떤 영역에 해당하나요?

☐ 생각   ☐ 일상   ☐ 일   ☐ 기타

WHEN 이 질문이 필요한 시점은 언제인가요?

☐ 과거   ☐ 현재   ☐ 미래   ☐ 특정시점

HOW 질문으로 어떤 효과를 원하나요?

☐ 듣다   ☐ 기억하다   ☐ 찾다   ☐ 보다   ☐ 멈추다   ☐ 움직이다

QUESTION 나만의 질문 만들기

KEYWORD 질문의 탄생을 돕는 단어

#기억 #견과류 #휴식 #여가 #취미 #스트레스 #기록 #반복 #습관 #無
#발견 #시간 #잊다 #희망 #방황

생각의 팁. 이 질문으로 무엇을 하게 되나요?

086

방황은 생각할 시간을 갖기 위한 것이다.
이 시간을 자신이 선택한 것이냐
그렇지 않냐에 따라 상황은 달라진다.
자신이 선택한 방황이 아니라면 빨리 탈출하자.

MY THINKING 나의 생각

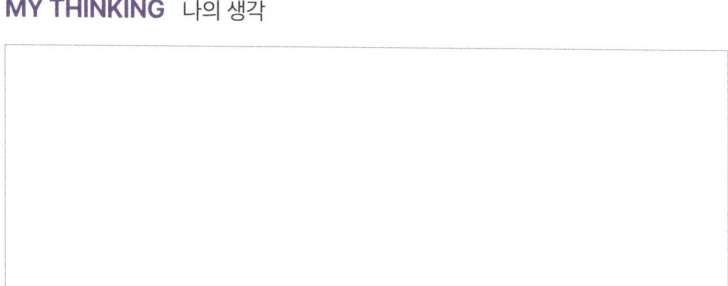

CHO's THINKING 조의 생각

방황도 한 가지 방법입니다. 그런데, 자신이 선택한 것이냐 아니냐에 따라 달라집니다. 그리고 얼마 정도의 시간을 보내느냐도 중요하기에 상황을 잘 살펴봅시다.

질문은 물음표가 아니라 마침표로 끝나더라도 생각하는 시간을 통해 가벼워집니다.

SELF INTERVIEW

FOR 무엇을 위한 질문인가요?

☐ 자신   ☐ 상대   ☐ 상황   ☐ 기타

WHAT 질문은 어떤 영역에 해당하나요?

☐ 생각   ☐ 일상   ☐ 일   ☐ 기타

WHEN 이 질문이 필요한 시점은 언제인가요?

☐ 과거   ☐ 현재   ☐ 미래   ☐ 특정시점

HOW 질문으로 어떤 효과를 원하나요?

☐ 듣다   ☐ 기억하다   ☐ 찾다   ☐ 보다   ☐ 멈추다   ☐ 움직이다

QUESTION 나만의 질문 만들기

```
┌─────────────────────────────────────────────┐
│                                             │
│                                             │
│                                             │
│                                             │
└─────────────────────────────────────────────┘
```

KEYWORD 질문의 탄생을 돕는 단어

#방황 #시간 #생각 #선택 #탈출 #고민 #미래 #고심 #여유 #미래 #이유
#자발적 #수동적 #행동 #결과 #다르다

생각의 팁. 이 질문으로 무엇을 하게 되나요?

087

야간 운전은 빛이 사라진 환경이다.
하지만 전조등 불빛으로 앞으로 나아갈 수 있다.
이처럼 도움을 받아 환경을 바꿀 수 있다.
그렇게 하기 위해 다가가야 하고, 말을 해야 한다.
당신 마음의 문은 열려 있는가?

MY THINKING 나의 생각

CHO's THINKING 조의 생각

혼자 가는 길이 아니라면 우리는 도움을 받을 수 있습니다. 그런데 도움을 받으려면 자신이 먼저 손을 내밀어야 할 때도 있기 때문에 자신의 마음을 잘 알아야 합니다.

질문은 물음표가 아니라 마침표로 끝나더라도 생각하는 시간을 통해 가벼워집니다.

SELF INTERVIEW

FOR 무엇을 위한 질문인가요?

☐ 자신   ☐ 상대   ☐ 상황   ☐ 기타

WHAT 질문은 어떤 영역에 해당하나요?

☐ 생각   ☐ 일상   ☐ 일   ☐ 기타

WHEN 이 질문이 필요한 시점은 언제인가요?

☐ 과거   ☐ 현재   ☐ 미래   ☐ 특정시점

HOW 질문으로 어떤 효과를 원하나요?

☐ 듣다   ☐ 기억하다   ☐ 찾다   ☐ 보다   ☐ 멈추다   ☐ 움직이다

QUESTION 나만의 질문 만들기

KEYWORD 질문의 탄생을 돕는 단어

#야간운전 #전조등 #전진 #환경 #도움 #마음 #문 #OPEN #인생설계
#돌파 #코칭 #상담 #컨설팅 #기관 #센터 #LED #희망 #꿈 #동반자
#설계자 #촉진자 #학습자 #우리

생각의 팁. 이 질문으로 무엇을 하게 되나요?

088

경험 쌓기는 다양한 실험이며, 시도이다.
당신의 원하는 모습을 발견하기 위한 행동이다.
지금 당신이 선택한 것은 무엇인가?

MY THINKING 나의 생각

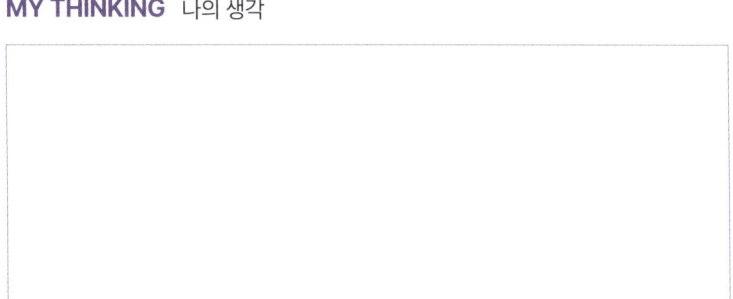

CHO's THINKING 조의 생각

경험한다는 것은 행동을 하고 있다는 것이고 그 과정에서 자신의 모습을 찾을 수 있습니다. 경험은 다른 방법을 찾게 해 줍니다.

SELF INTERVIEW

FOR 무엇을 위한 질문인가요?

☐ 자신　　☐ 상대　　☐ 상황　　☐ 기타

WHAT 질문은 어떤 영역에 해당하나요?

☐ 생각　　☐ 일상　　☐ 일　　☐ 기타

WHEN 이 질문이 필요한 시점은 언제인가요?

☐ 과거　　☐ 현재　　☐ 미래　　☐ 특정시점

HOW 질문으로 어떤 효과를 원하나요?

☐ 듣다　☐ 기억하다　☐ 찾다　☐ 보다　☐ 멈추다　☐ 움직이다

QUESTION 나만의 질문 만들기

```



```

KEYWORD 질문의 탄생을 돕는 단어

#현재 #미래 #자아 #찾기 #쌓기 #꿈 #진로 #취업 #커리어 #경력 #선택
#활용 #현장 #발견 #평가 #객관화

생각의 팁. 이 질문으로 무엇을 하게 되나요?

089

반복, 훈련, 연습은 나를 발견하게 하고,
내 것을 만들게 해 준다.
확신을 갖기 위해
당신이 다시 해야 할 것은 무엇인가?

MY THINKING 나의 생각

CHO's THINKING 조의 생각

확신이 있어야 지속적으로 하게 됩니다. 이 확신도 반복, 훈련, 연습이 필요니다. 그러니 다시 해야 합니다!

질문은 물음표가 아니라 마침표로 끝나더라도 생각하는 시간을 통해 가벼워집니다.

SELF INTERVIEW

FOR 무엇을 위한 질문인가요?

☐ 자신　　☐ 상대　　☐ 상황　　☐ 기타

WHAT 질문은 어떤 영역에 해당하나요?

☐ 생각　　☐ 일상　　☐ 일　　☐ 기타

WHEN 이 질문이 필요한 시점은 언제인가요?

☐ 과거　　☐ 현재　　☐ 미래　　☐ 특정시점

HOW 질문으로 어떤 효과를 원하나요?

☐ 듣다　☐ 기억하다　☐ 찾다　☐ 보다　☐ 멈추다　☐ 움직이다

QUESTION 나만의 질문 만들기

KEYWORD 질문의 탄생을 돕는 단어

#역량 #자기계발 #후회 #피드백 #확신 #자신감 #문제해결 #자기이해
#자기발견 #협업 #문제인식 #아이디어

생각의 팁. 이 질문으로 무엇을 하게 되나요?

090

시작하는 단계에서 뭘 해야 할지 모르겠다면, 경험하면서 찾으면 된다고 말해주자.

MY THINKING 나의 생각

CHO's THINKING 조의 생각

뭘 해야 할지 모르는 경우 멈추지 말고 시작하면서 찾는 게 더 확실한 방법이 될 수 있습니다.

SELF INTERVIEW

FOR 무엇을 위한 질문인가요?

☐ 자신 ☐ 상대 ☐ 상황 ☐ 기타

WHAT 질문은 어떤 영역에 해당하나요?

☐ 생각 ☐ 일상 ☐ 일 ☐ 기타

WHEN 이 질문이 필요한 시점은 언제인가요?

☐ 과거 ☐ 현재 ☐ 미래 ☐ 특정시점

HOW 질문으로 어떤 효과를 원하나요?

☐ 듣다 ☐ 기억하다 ☐ 찾다 ☐ 보다 ☐ 멈추다 ☐ 움직이다

QUESTION 나만의 질문 만들기

KEYWORD 질문의 탄생을 돕는 단어

#대학생 #신입생 #진로 #모른다 #찾으면된다 #이야기해주자
#무엇이중요한지 #최선을 #주변에서찾자 #파이팅

생각의 팁. 이 질문으로 무엇을 하게 되나요?

091

실행에 옮기는 동안 흔적을 확인해야 한다.
그래야 안심하기 때문이다.
교육기간 동안 계획 후 확인하고,
피드백이 필요한 이유이다.
자신에게 가장 많은 흔적은 무엇인가?

MY THINKING 나의 생각

CHO's THINKING 조의 생각

기본적으로 희망하는 분야를 선택하기 위해 교육을 받습니다. 교육으로 자신감을 높이려면 완성도가 높아야 하죠. 그렇게 하기 위해 보완하는 과정이 있어야 하고, 그 흔적들이 자신의 역량이 되기를 바랍니다.

질문은 물음표가 아니라 마침표로 끝나더라도 생각하는 시간을 통해 가벼워집니다.

SELF INTERVIEW

FOR 무엇을 위한 질문인가요?

☐ 자신　　☐ 상대　　☐ 상황　　☐ 기타

WHAT 질문은 어떤 영역에 해당하나요?

☐ 생각　　☐ 일상　　☐ 일　　☐ 기타

WHEN 이 질문이 필요한 시점은 언제인가요?

☐ 과거　　☐ 현재　　☐ 미래　　☐ 특정시점

HOW 질문으로 어떤 효과를 원하나요?

☐ 듣다　☐ 기억하다　☐ 찾다　☐ 보다　☐ 멈추다　☐ 움직이다

QUESTION 나만의 질문 만들기

KEYWORD 질문의 탄생을 돕는 단어

#대학생활 #계획 #체크 #피드백 #실행 #흔적 #안정 #안심 #스펙 #경험 #도전 #시도 #노력 #결과 #성과 #이유 #목적 #안내 #방향 #자신 #시간 #소중함

생각의 팁. 이 질문으로 무엇을 하게 되나요?

092

'소비'는 만족감을 느끼기 위한
탐색의 노력과 고민한 시간이 선택한 결정이다.
이렇게 구입한 상품이 소중하듯이,
오랫동안 기업에 남을 경험이라면, 선택하자.

MY THINKING 나의 생각

CHO's THINKING 조의 생각

소중한 경험은 가치 있는 것입니다. 그 가치는 자신의 노력한 만큼 달라집니다. 큰 경험, 작은 경험이 아니라 자신에게 의미 있는 경험이 되도록 행동해야 합니다.

질문은 물음표가 아니라 마침표로 끝나더라도 생각하는 시간을 통해 가벼워집니다.

SELF INTERVIEW

FOR 무엇을 위한 질문인가요?

☐ 자신　　☐ 상대　　☐ 상황　　☐ 기타

WHAT 질문은 어떤 영역에 해당하나요?

☐ 생각　　☐ 일상　　☐ 일　　☐ 기타

WHEN 이 질문이 필요한 시점은 언제인가요?

☐ 과거　　☐ 현재　　☐ 미래　　☐ 특정시점

HOW 질문으로 어떤 효과를 원하나요?

☐ 듣다　☐ 기억하다　☐ 찾다　☐ 보다　☐ 멈추다　☐ 움직이다

QUESTION 나만의 질문 만들기

KEYWORD 질문의 탄생을 돕는 단어

#소비 #경제 #경영 #만족 #윈윈 #시간 #노력 #학생 #지불방법
#오래된기억 #경험 #기회 #선택 #비용 #투자 #상승 #가치 #성장의힘

생각의 팁. 이 질문으로 무엇을 하게 되나요?

093

질문에 대한 답을 찾으면서
몰랐던 나의 모습을 발견하게 된다.
나를 발견하기 위한 질문을 해보자.

MY THINKING 나의 생각

CHO's THINKING 조의 생각

찾기 위해 질문을 하게 되고, 그 질문의 답에는 자신이 빠질 수 없습니다. 그래서 자신에게 던지는 질문을 만들어야 합니다.

질문은 물음표가 아니라 마침표로 끝나더라도 생각하는 시간을 통해 가벼워집니다.

SELF INTERVIEW

FOR 무엇을 위한 질문인가요?

☐ 자신   ☐ 상대   ☐ 상황   ☐ 기타

WHAT 질문은 어떤 영역에 해당하나요?

☐ 생각   ☐ 일상   ☐ 일   ☐ 기타

WHEN 이 질문이 필요한 시점은 언제인가요?

☐ 과거   ☐ 현재   ☐ 미래   ☐ 특정시점

HOW 질문으로 어떤 효과를 원하나요?

☐ 듣다   ☐ 기억하다   ☐ 찾다   ☐ 보다   ☐ 멈추다   ☐ 움직이다

QUESTION 나만의 질문 만들기

KEYWORD 질문의 탄생을 돕는 단어

#수업 #질문 #답변 #생각 #몰랐다 #찾았다 #새롭다 #알게됐다 #자신
#무엇 #이끌기위해 #드러내기위해 #과정 #시간을갖자 #문득 #진로
#시작하자

생각의 팁. 이 질문으로 무엇을 하게 되나요?

094

학교에서 반복의 힘을 갖추었고, 단순함도 느꼈다.
그런데 직장 생활에서 반복과 단순함으로
그만두는 선택은 어떻게 생각하는가?

MY THINKING 나의 생각

CHO's THINKING 조의 생각

일에 따라 처리하는 방법이 있습니다. 그 과정에서 느끼는 반복과 단순함이 일을 그만두는 이유는 되지 않아야 합니다.

SELF INTERVIEW

FOR 무엇을 위한 질문인가요?

☐ 자신　　☐ 상대　　☐ 상황　　☐ 기타

WHAT 질문은 어떤 영역에 해당하나요?

☐ 생각　　☐ 일상　　☐ 일　　☐ 기타

WHEN 이 질문이 필요한 시점은 언제인가요?

☐ 과거　　☐ 현재　　☐ 미래　　☐ 특정시점

HOW 질문으로 어떤 효과를 원하나요?

☐ 듣다　☐ 기억하다　☐ 찾다　☐ 보다　☐ 멈추다　☐ 움직이다

QUESTION 나만의 질문 만들기

　

KEYWORD 질문의 탄생을 돕는 단어

#반복 #단순 #직장 #사직 #학교 #힘 #성장 #학생 #극복 #진로 #취업 #혼란 #재시작 #과정 #목적지 #단계

생각의 팁. 이 질문으로 무엇을 하게 되나요?

24시간은 각자에게 주어지는 하루의 시간이다.
그래서 혼자가 아닌 함께한 시간의 가치는 달라지는 것이다.
시간뿐 아니라 생각의 시각도 달라진다.

PART. 6
함께

Together

095

당신이 느낄 수 있다는 것은 준비가 되어 있기 때문이다.
그렇지 못했다면,
벌써 지나갔는데도 모르고 있을 것이다.

MY THINKING 나의 생각

CHO's THINKING 조의 생각

감정은 느끼는 것입니다. 이 감정은 주변에 사람이 있다는 것을 의미합니다. 진로는 혼자 가는 것이 아닌 가까운 사람부터 함께 하는 것입니다.

SELF INTERVIEW

FOR 무엇을 위한 질문인가요?

☐ 자신　　☐ 상대　　☐ 상황　　☐ 기타

WHAT 질문은 어떤 영역에 해당하나요?

☐ 생각　　☐ 일상　　☐ 일　　☐ 기타

WHEN 이 질문이 필요한 시점은 언제인가요?

☐ 과거　　☐ 현재　　☐ 미래　　☐ 특정시점

HOW 질문으로 어떤 효과를 원하나요?

☐ 듣다　☐ 기억하다　☐ 찾다　☐ 보다　☐ 멈추다　☐ 움직이다

QUESTION 나만의 질문 만들기

KEYWORD 질문의 탄생을 돕는 단어

#기회 #느낀다 #준비 #만족 #없다 #그러면 #지나간다 #잡을수있다 #함께할수있다

생각의 팁. 이 질문으로 무엇을 하게 되나요?

096

함께한 시간은 사라지지 않는다.
자신이 기억하지 못한다면,
함께한 사람을 찾자.
기억을 공유하는 또 다른 자신을 발견하게 될 것이다.

MY THINKING 나의 생각

CHO's THINKING 조의 생각

자신이 생각하는 "나"라는 사람과 함께 했던 사람이 생각했던 자신.
이 모두 함께 했던 상황 속 같은 사람입니다.

SELF INTERVIEW

FOR 무엇을 위한 질문인가요?

☐ 자신 ☐ 상대 ☐ 상황 ☐ 기타

WHAT 질문은 어떤 영역에 해당하나요?

☐ 생각 ☐ 일상 ☐ 일 ☐ 기타

WHEN 이 질문이 필요한 시점은 언제인가요?

☐ 과거 ☐ 현재 ☐ 미래 ☐ 특정시점

HOW 질문으로 어떤 효과를 원하나요?

☐ 듣다 ☐ 기억하다 ☐ 찾다 ☐ 보다 ☐ 멈추다 ☐ 움직이다

QUESTION 나만의 질문 만들기

| |
| |
| |

KEYWORD 질문의 탄생을 돕는 단어

#시간 #배 #사라진다 #기억 #한계 #함께 #사람 #찾자 #또다른 #나
#발견 #되돌아보자

생각의 팁. 이 질문으로 무엇을 하게 되나요?

097

현재의 위치를 지킨다는 것은
남모를 희생이 있었기에 가능하다.
지켜보는 사람들이 응원하고 있다.
조금 더 힘을 내자.

MY THINKING 나의 생각

CHO's THINKING 조의 생각

자신의 현재 위치는 그냥 만들어진 것이 아니라 함께 한 것이기에 힘이 들 때는 함께한 사람들이 있다는 것을 잊지 말고, 조금 더 힘을 냅시다.

SELF INTERVIEW

FOR 무엇을 위한 질문인가요?

☐ 자신   ☐ 상대   ☐ 상황   ☐ 기타

WHAT 질문은 어떤 영역에 해당하나요?

☐ 생각   ☐ 일상   ☐ 일   ☐ 기타

WHEN 이 질문이 필요한 시점은 언제인가요?

☐ 과거   ☐ 현재   ☐ 미래   ☐ 특정시점

HOW 질문으로 어떤 효과를 원하나요?

☐ 듣다   ☐ 기억하다   ☐ 찾다   ☐ 보다   ☐ 멈추다   ☐ 움직이다

QUESTION 나만의 질문 만들기

| |
| |
| |

KEYWORD 질문의 탄생을 돕는 단어

#지킨다 #혼자 #함께 #어렵다 #희생 #주위 #동료 #응원 #힘내자
#세상에 #동행 #동반

생각의 팁. 이 질문으로 무엇을 하게 되나요?

098

인생의 시간이 녹아 있는 이야기는
상대로 하여금, 마음을 알아주는 말 한마디로
감동을 선물한다.

MY THINKING 나의 생각

CHO's THINKING 조의 생각

만약 선택한 길에 대한 고민이 들 때, 자신의 이야기를 들은 한 사람이라도 마음을 알아준다면, 잘 하고 있다고 생각하면 됩니다.

질문은 물음표가 아니라 마침표로 끝나더라도 생각하는 시간을 통해 가벼워집니다.

SELF INTERVIEW

FOR   무엇을 위한 질문인가요?

☐ 자신   ☐ 상대   ☐ 상황   ☐ 기타

WHAT   질문은 어떤 영역에 해당하나요?

☐ 생각   ☐ 일상   ☐ 일   ☐ 기타

WHEN   이 질문이 필요한 시점은 언제인가요?

☐ 과거   ☐ 현재   ☐ 미래   ☐ 특정시점

HOW   질문으로 어떤 효과를 원하나요?

☐ 듣다   ☐ 기억하다   ☐ 찾다   ☐ 보다   ☐ 멈추다   ☐ 움직이다

QUESTION   나만의 질문 만들기

KEYWORD   질문의 탄생을 돕는 단어

#인생 #시간 #경험 #이겨낸 #버터낸 #승리한 #아픈 #슬픈 #잊을수없는
#잊고싶은 #상대에게 #마음 #한마디 #감동

생각의 팁. 이 질문으로 무엇을 하게 되나요?

PART 1. 미래

PART 2. 변화

PART 3. 동기

PART 4. 시작

PART 5. 방법

PART 6. 함께

PART 7. 목표

225

099

말하면, 들리고 보인다.
말했음에도 보지 못하는 것은 듣지 않았기 때문이다.
이제 상대의 말에 귀를 기울이자.

MY THINKING 나의 생각

CHO's THINKING 조의 생각

진로는 누군가의 말에 의해 달라질 수 있습니다. 그렇기에 다양한 사람들의 이야기를 듣는 것은 좋은 기회가 됩니다.

SELF INTERVIEW

FOR 무엇을 위한 질문인가요?

☐ 자신　　☐ 상대　　☐ 상황　　☐ 기타

WHAT 질문은 어떤 영역에 해당하나요?

☐ 생각　　☐ 일상　　☐ 일　　☐ 기타

WHEN 이 질문이 필요한 시점은 언제인가요?

☐ 과거　　☐ 현재　　☐ 미래　　☐ 특정시점

HOW 질문으로 어떤 효과를 원하나요?

☐ 듣다　☐ 기억하다　☐ 찾다　☐ 보다　☐ 멈추다　☐ 움직이다

QUESTION 나만의 질문 만들기

KEYWORD 질문의 탄생을 돕는 단어

#소통 #듣다 #보다 #말 #기울이다 #의지 #행동 #관심 #CCTV #카메라 #영상 #연관 #근본 #이유 #만약 #보고듣지못하면 #무엇 #감

생각의 팁. 이 질문으로 무엇을 하게 되나요?

100

자신의 길을 찾으려는 노력.
그 시작을 누군가가 도와준다면 힘을 얻게 될 것이다.
함께 할 수 있는 사람은 누구인가?
당신은 누구로부터 도움을 받을 수 있을까?

MY THINKING 나의 생각

CHO's THINKING 조의 생각

자신에게 힘이 되는 사람이 분명 있을 것입니다. 함께 있는 것만으로도 직접적인 도움을 받을 수도 있습니다. 혼자 가는 것보다는 함께 가야 합니다. 우분투! (혼자 가면 빨리 가고 함께 가면 멀리 간다는 아프리카 속담)

질문은 물음표가 아니라 마침표로 끝나더라도 생각하는 시간을 통해 가벼워집니다.

SELF INTERVIEW

FOR 무엇을 위한 질문인가요?

☐ 자신　　☐ 상대　　☐ 상황　　☐ 기타

WHAT 질문은 어떤 영역에 해당하나요?

☐ 생각　　☐ 일상　　☐ 일　　☐ 기타

WHEN 이 질문이 필요한 시점은 언제인가요?

☐ 과거　　☐ 현재　　☐ 미래　　☐ 특정시점

HOW 질문으로 어떤 효과를 원하나요?

☐ 듣다　☐ 기억하다　☐ 찾다　☐ 보다　☐ 멈추다　☐ 움직이다

QUESTION 나만의 질문 만들기

　

KEYWORD 질문의 탄생을 돕는 단어

#진로 #취업 #면접 #목표 #목적 #동기 #이유 #느낌 #교훈 #계기
#깨달음 #흥미 #관심 #참여 #동행

생각의 팁. 이 질문으로 무엇을 하게 되나요?

101

진로 로드맵의 변경과 수정을 위해서는
설계자가 중요하다.
당신의 로드맵에 누가 참여했는가?

MY THINKING 나의 생각

CHO's THINKING 조의 생각

진로 로드맵은 최종 완성본이 아닌 지속적으로 수정, 변경해야 합니다. 그렇기에 설계자가 누군지 알아야 수정, 변경이 가능합니다. 현재 설정한 진로에 누가 참여했는지 알고, 어떤 영역에 영향을 주었는지 알아야 합니다. 이런 역할은 멘토 또는 존경하는 사람이 해 줄 것입니다.

질문은 물음표가 아니라 마침표로 끝나더라도 생각하는 시간을 통해 가벼워집니다.

SELF INTERVIEW

FOR   무엇을 위한 질문인가요?

☐ 자신   ☐ 상대   ☐ 상황   ☐ 기타

WHAT   질문은 어떤 영역에 해당하나요?

☐ 생각   ☐ 일상   ☐ 일   ☐ 기타

WHEN   이 질문이 필요한 시점은 언제인가요?

☐ 과거   ☐ 현재   ☐ 미래   ☐ 특정시점

HOW   질문으로 어떤 효과를 원하나요?

☐ 듣다   ☐ 기억하다   ☐ 찾다   ☐ 보다   ☐ 멈추다   ☐ 움직이다

QUESTION   나만의 질문 만들기

KEYWORD   질문의 탄생을 돕는 단어

#로드맵 #진로 #설계자 #멘토 #부모님 #선배 #친구 #가족 #환경 #경제
#시선 #중심 #주도 #끌려가다 #이끌어가다

생각의 팁. 이 질문으로 무엇을 하게 되나요?

102

'지금 잘 하고 있어요.'
이는 자신감이 없는 친구들에게 꼭 필요한 말이다.
여기에는 한 단계 앞으로 나아갈 수 있다는 의미가 담겨있다.
이 말을 당신은 누구에게 들을 수 있을까?

MY THINKING 나의 생각

CHO's THINKING 조의 생각

자신이 하고 있는 것들에 대해 언젠가는 보여주고 들려줘야 합니다. 최종 결과만 이야기하는 것이 아니라 가능한 한 다양한 공유를 하는 것만으로도 도움이 됩니다.

질문은 물음표가 아니라 마침표로 끝나더라도 생각하는 시간을 통해 가벼워집니다.

SELF INTERVIEW

FOR 무엇을 위한 질문인가요?

☐ 자신   ☐ 상대   ☐ 상황   ☐ 기타

WHAT 질문은 어떤 영역에 해당하나요?

☐ 생각   ☐ 일상   ☐ 일   ☐ 기타

WHEN 이 질문이 필요한 시점은 언제인가요?

☐ 과거   ☐ 현재   ☐ 미래   ☐ 특정시점

HOW 질문으로 어떤 효과를 원하나요?

☐ 듣다   ☐ 기억하다   ☐ 찾다   ☐ 보다   ☐ 멈추다   ☐ 움직이다

QUESTION 나만의 질문 만들기

KEYWORD 질문의 탄생을 돕는 단어

#상담 #컨설팅 #긍정 #자신감 #앞으로 #동기 #의욕 #함께 #위로 #공감 #이해 #슬픔 #책임감 #지속 #중단 #포기 #방법 #찾기

생각의 팁. 이 질문으로 무엇을 하게 되나요?

103

방학이 끝난 등굣길에
아이들이 6명까지 되어 학교 정문에 도착한다.
그리고 선생님께 인사하는 모습이
최종 투자 받는 스타트업 기업의 성장과 비슷한다.

MY THINKING 나의 생각

CHO's THINKING 조의 생각

단계별로 나와 함께 한 사람들은 많아졌다가 줄어들었다가 할 수 있습니다. 그 과정에서 자신은 성장합니다. 혼자가 아닌 누군가와 함께 하기를 바랍니다.

질문은 물음표가 아니라 마침표로 끝나더라도 생각하는 시간을 통해 가벼워집니다.

SELF INTERVIEW

FOR 무엇을 위한 질문인가요?

☐ 자신　　☐ 상대　　☐ 상황　　☐ 기타

WHAT 질문은 어떤 영역에 해당하나요?

☐ 생각　　☐ 일상　　☐ 일　　☐ 기타

WHEN 이 질문이 필요한 시점은 언제인가요?

☐ 과거　　☐ 현재　　☐ 미래　　☐ 특정시점

HOW 질문으로 어떤 효과를 원하나요?

☐ 듣다　☐ 기억하다　☐ 찾다　☐ 보다　☐ 멈추다　☐ 움직이다

QUESTION 나만의 질문 만들기

　

KEYWORD 질문의 탄생을 돕는 단어

#방학 #학생 #등교 #1인 #6인 #합체 #학교 #선생님 #학생들 #스타트업 #성장 #설립 #진입 #창업 #투자 #유니콘기업 #투게더

생각의 팁. 이 질문으로 무엇을 하게 되나요?

도전이라는 단어에는 도달 지점이 있다.
미래, 변화, 동기, 시작, 방법, 함께라는 단어가 어떻게 나타나는지 확인해 보자.
끝까지 해보자. 그러면, 알게 된다.

PART. 7
목표

104

도전!
새로움과 긴장감이라는 즐거움을 주는 것은 아닐까?
우리들의 도전에 인사하자.
안녕?

MY THINKING 나의 생각

CHO's THINKING 조의 생각

회피하지 말고 마주해야 하며, 그 순간 긴장감과 두려움도 있지만 도전의 새로움이 함께 하니 걱정하지 마세요!

SELF INTERVIEW

FOR 무엇을 위한 질문인가요?

☐ 자신   ☐ 상대   ☐ 상황   ☐ 기타

WHAT 질문은 어떤 영역에 해당하나요?

☐ 생각   ☐ 일상   ☐ 일   ☐ 기타

WHEN 이 질문이 필요한 시점은 언제인가요?

☐ 과거   ☐ 현재   ☐ 미래   ☐ 특정시점

HOW 질문으로 어떤 효과를 원하나요?

☐ 듣다   ☐ 기억하다   ☐ 찾다   ☐ 보다   ☐ 멈추다   ☐ 움직이다

QUESTION 나만의 질문 만들기

KEYWORD 질문의 탄생을 돕는 단어

#인생 #삶 #학생 #청소년 #청년 #중년 #장년 #노년 #부모 #어머니 #아버지 #도전자 #새로움 #긴장감 #즐거움 #변화 #주위 #환경 #자신의판 #나의무대 #인사HI #안녕

생각의 팁. 이 질문으로 무엇을 하게 되나요?

PART 1. 미래　PART 2. 변화　PART 3. 동기　PART 4. 시작　PART 5. 방법　PART 6. 함께　PART 7. 목표

105

자신의 의지를 강하게 드러낼 때는
'반드시'라는 단어를 가슴에 새기고 있다.

MY THINKING 나의 생각

CHO's THINKING 조의 생각

실행에 필요한 것이 있다면 바로 의지입니다. 마음가짐을 어떻게 가지느냐에 따라 달라집니다.

SELF INTERVIEW

FOR 무엇을 위한 질문인가요?

☐ 자신　　☐ 상대　　☐ 상황　　☐ 기타

WHAT 질문은 어떤 영역에 해당하나요?

☐ 생각　　☐ 일상　　☐ 일　　☐ 기타

WHEN 이 질문이 필요한 시점은 언제인가요?

☐ 과거　　☐ 현재　　☐ 미래　　☐ 특정시점

HOW 질문으로 어떤 효과를 원하나요?

☐ 듣다　☐ 기억하다　☐ 찾다　☐ 보다　☐ 멈추다　☐ 움직이다

QUESTION 나만의 질문 만들기

```
┌─────────────────────────────────────────────┐
│                                             │
│                                             │
│                                             │
│                                             │
│                                             │
└─────────────────────────────────────────────┘
```

KEYWORD 질문의 탄생을 돕는 단어

#자신감 #의지 #강하게 #반드시 #마음에 #가슴에 #잊지않게 #새기다
#순간순간 #동기 #이유 #힘찬 #최선 #후회없이 #자신의길

생각의 팁. 이 질문으로 무엇을 하게 되나요?

106

우리의 두려움을 줄이는 방법은
시간을 쪼개는 것이다.
그것이 '계획'이다.

MY THINKING 나의 생각

CHO's THINKING 조의 생각

긴 여정입니다. 전체를 그려야 하지만 현실에서는 지금 앞 단계를 실행에 옮겨야 하기에 작게 나누는 게 두려움을 줄이는데 효과적입니다.

질문은 물음표가 아니라 마침표로 끝나더라도 생각하는 시간을 통해 가벼워집니다.

SELF INTERVIEW

FOR 무엇을 위한 질문인가요?

☐ 자신   ☐ 상대   ☐ 상황   ☐ 기타

WHAT 질문은 어떤 영역에 해당하나요?

☐ 생각   ☐ 일상   ☐ 일   ☐ 기타

WHEN 이 질문이 필요한 시점은 언제인가요?

☐ 과거   ☐ 현재   ☐ 미래   ☐ 특정시점

HOW 질문으로 어떤 효과를 원하나요?

☐ 듣다   ☐ 기억하다   ☐ 찾다   ☐ 보다   ☐ 멈추다   ☐ 움직이다

QUESTION 나만의 질문 만들기

KEYWORD 질문의 탄생을 돕는 단어

#진로 #취업 #시간 #방법 #쪼개다 #계획 #설계 #나누다 #우선순위
#만들다 #확보 #준비시간 #실행력UP

생각의 팁. 이 질문으로 무엇을 하게 되나요?

107

당신이 진로 고민을 하고 있다면,
한 가지라도 최선을 다해
끝까지 가봐야 한다고 이야기하고 싶다.
산 정상에서 위치를 가리킬 수 있기 때문이다.
당신이 바로 선정할 목표는?

MY THINKING 나의 생각

CHO's THINKING 조의 생각

한 가지라도 끝까지 해 본 경험이 있는 사람은 전체를 볼 수 있습니다. 전체를 볼 수 있다면 그다음을 결정하기 위한 넓은 시야를 확보할 수 있습니다. 그래서 단기 목표 설정이 필요하고 또 중요합니다.

SELF INTERVIEW

FOR 무엇을 위한 질문인가요?

☐ 자신   ☐ 상대   ☐ 상황   ☐ 기타

WHAT 질문은 어떤 영역에 해당하나요?

☐ 생각   ☐ 일상   ☐ 일   ☐ 기타

WHEN 이 질문이 필요한 시점은 언제인가요?

☐ 과거   ☐ 현재   ☐ 미래   ☐ 특정시점

HOW 질문으로 어떤 효과를 원하나요?

☐ 듣다   ☐ 기억하다   ☐ 찾다   ☐ 보다   ☐ 멈추다   ☐ 움직이다

QUESTION 나만의 질문 만들기

KEYWORD 질문의 탄생을 돕는 단어

#진로고민 #학생 #최선 #끝까지 #최종 #산 #정상 #도착 #사방
#가리키다 #단기목표 #능력발견

생각의 팁. 이 질문으로 무엇을 하게 되나요?

108

꿈이 아닌 목표를 가지면 무엇이 달라질까?

MY THINKING 나의 생각

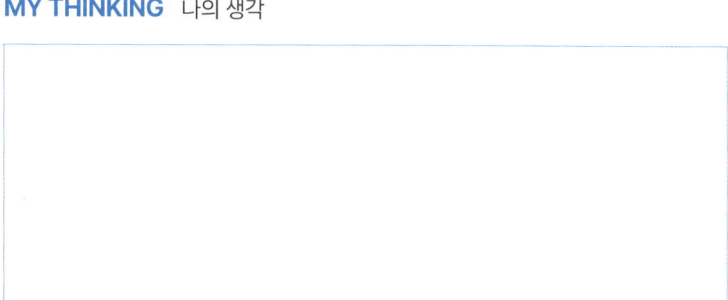

CHO's THINKING 조의 생각

꿈이 거창하게 느껴진다면 이루고자 하는 목표로 작게 나누어 가져 보는 것이 좋습니다. 그러면 분명 꿈에 도달하는 데 도움이 됩니다.

SELF INTERVIEW

FOR 무엇을 위한 질문인가요?

☐ 자신　　☐ 상대　　☐ 상황　　☐ 기타

WHAT 질문은 어떤 영역에 해당하나요?

☐ 생각　　☐ 일상　　☐ 일　　☐ 기타

WHEN 이 질문이 필요한 시점은 언제인가요?

☐ 과거　　☐ 현재　　☐ 미래　　☐ 특정시점

HOW 질문으로 어떤 효과를 원하나요?

☐ 듣다　☐ 기억하다　☐ 찾다　☐ 보다　☐ 멈추다　☐ 움직이다

QUESTION 나만의 질문 만들기

KEYWORD 질문의 탄생을 돕는 단어

#커리어 #진로 #꿈 #목표 #달라지는것 #차이점 #입장 #받아들이는점 #가깝다 #멀다 #행동 #실행

생각의 팁. 이 질문으로 무엇을 하게 되나요?

109

'~때문에' 결정을 한다는 것은
올바른 선택을 위한 데이터이며,
피드백에 필요한 증거이기도 하다.

MY THINKING 나의 생각

CHO's THINKING 조의 생각

이유는 동기가 되기도 합니다. 동기가 뚜렷하면 목표와 계획 설계가 명확해지기 때문입니다. 이 과정에서 데이터가 남게 되고 추후 자신의 결정에 도움을 줄 수 있습니다.

질문은 물음표가 아니라 마침표로 끝나더라도 생각하는 시간을 통해 가벼워집니다.

SELF INTERVIEW

FOR 무엇을 위한 질문인가요?

☐ 자신　　☐ 상대　　☐ 상황　　☐ 기타

WHAT 질문은 어떤 영역에 해당하나요?

☐ 생각　　☐ 일상　　☐ 일　　☐ 기타

WHEN 이 질문이 필요한 시점은 언제인가요?

☐ 과거　　☐ 현재　　☐ 미래　　☐ 특정시점

HOW 질문으로 어떤 효과를 원하나요?

☐ 듣다　☐ 기억하다　☐ 찾다　☐ 보다　☐ 멈추다　☐ 움직이다

QUESTION 나만의 질문 만들기

　

KEYWORD 질문의 탄생을 돕는 단어

#결정 #때문에 #이유 #선택 #올바른 #피드백 #증거 #필요 #계획 #진행 #수정 #보완 #진로 #근거 #설득 #이해 #지원 #동행

생각의 팁. 이 질문으로 무엇을 하게 되나요?

PART 7. 목표

249

110

살아 움직이는 계획이 가져다줄 느낌을 생각해 보자.
시점과 끝나는 시점이 동일한가?

MY THINKING 나의 생각

CHO's THINKING 조의 생각

계획의 느낌은 끝까지 마무리하기 위해서 필요하고 끝나고 난 뒤 다시 돌아보기 위해 필요합니다. 살아 움직이는 계획이라면 동일하지 않은 느낌을 줄 것입니다. 그 이유는 상황에 따라 변화, 수정될 테니까요. 진로가 그렇습니다.

SELF INTERVIEW

FOR 무엇을 위한 질문인가요?

☐ 자신   ☐ 상대   ☐ 상황   ☐ 기타

WHAT 질문은 어떤 영역에 해당하나요?

☐ 생각   ☐ 일상   ☐ 일   ☐ 기타

WHEN 이 질문이 필요한 시점은 언제인가요?

☐ 과거   ☐ 현재   ☐ 미래   ☐ 특정시점

HOW 질문으로 어떤 효과를 원하나요?

☐ 듣다   ☐ 기억하다   ☐ 찾다   ☐ 보다   ☐ 멈추다   ☐ 움직이다

QUESTION 나만의 질문 만들기

| |
| |
| |

KEYWORD 질문의 탄생을 돕는 단어

#진로 #계획 #시작 #끝 #느낀점 #지속 #계속 #행동 #결과 #멈춤
#실행력 #현실 #가능성 #피드백 #반성 #보람 #뿌듯 #감사 #고마움
#미안 #성공 #실패

생각의 팁. 이 질문으로 무엇을 하게 되나요?

PART 1. 미래
PART 2. 변화
PART 3. 동기
PART 4. 시적
PART 5. 방법
PART 6. 함께
PART 7. 목표

111

사회는 지내온 시간들이 사라지지 않도록
이 과정을 역사로 기록한다.
그렇기에 반복된 후회 보다 성장을 하는 것 아닐까?

MY THINKING 나의 생각

CHO's THINKING 조의 생각

시작했다면 기록도 하나의 계획입니다. 반복되는 후회, 실패를 거듭하지 않기 위해 필요한 계획 중 하나이니까요.

질문은 물음표가 아니라 마침표로 끝나더라도 생각하는 시간을 통해 가벼워집니다.

SELF INTERVIEW

FOR 무엇을 위한 질문인가요?

☐ 자신   ☐ 상대   ☐ 상황   ☐ 기타

WHAT 질문은 어떤 영역에 해당하나요?

☐ 생각   ☐ 일상   ☐ 일   ☐ 기타

WHEN 이 질문이 필요한 시점은 언제인가요?

☐ 과거   ☐ 현재   ☐ 미래   ☐ 특정시점

HOW 질문으로 어떤 효과를 원하나요?

☐ 듣다   ☐ 기억하다   ☐ 찾다   ☐ 보다   ☐ 멈추다   ☐ 움직이다

QUESTION 나만의 질문 만들기

KEYWORD 질문의 탄생을 돕는 단어

#가입 #통합 #단계 #개인 #기업 #사회 #역사 #존재 #사라짐 #실패 #확률 #기록 #커리어관리 #포트폴리오 #책 #성공 #지우개 #과정 #청년 #신입사원 #흐름 #하나

생각의 팁. 이 질문으로 무엇을 하게 되나요?

PART 1. 미래
PART 2. 변화
PART 3. 동기
PART 4. 시작
PART 5. 방법
PART 6. 함께
PART 7. 목표

EPILOGUE
에필로그

　10여 년 전 평균 연령 60대가 넘는 분들을 대상으로 강의를 한 적이 있다. 쉬는 시간에 어르신들이 강의실 뒤쪽에 삼삼오오 모여 이야기를 나누고 계셨는데 궁금해 가까이 가서 들어보니 '앞으로 자식들을 위해 어디로 가야 할지 모르겠다'거나 '수목장을 해야 할지 선산으로 가야 할지 고민이 된다'와 같은 마지막 가는 길에 대한 걱정과 계획에 대한 내용이 주를 이뤘다. 나는 이때 들었던 말들이 '진로'라고 생각했다.

　進路 (나아갈진, 길로)

　진로는 앞으로 나아갈 길을 뜻한다. 그래서 한 사람이 태어나면 하고 싶은 것이 무엇인지, 할 수 있는 일은 무엇인지, 그렇다면 무엇을 할 것인지로부터 진로에 대한 고민은 시작된다. 그리고 어떻게 살 것인가를 고민하고, 이 세상을 떠날 때는 어떻게 마무리할 것인지, 어떻게 남을 것인지, 기억될 것인지를 생각하는 이 모든 것들이 '진로'다.

즉, 진로는 입학하는 학생, 졸업하는 학생, 취업을 준비하는 구직자, 이직을 준비하는 재직자, 퇴직을 앞둔 직장인 뿐만 아니라 무엇인가를 시작하려고 준비하는 모든 이들, '처음'을 마주하게 되는 모든 이들이 거쳐가야 하는 관문의 시작점이라고 나름의 결론을 내리게 됐다.

그래서 필자가 책에 고르고 골라 담은 이 질문들은 진로 초보자를 위한 질문들이다. 이 질문들이 자기경영을 위한 출발점이 되기를 바란다. 스스로에게 응원하기 위함이며, 인생이라는 각자의 시간과 그 깊이를 느꼈으면 한다. 회피하지 않고 직접 마주하며 각자의 고유한 이야기를 만들었으면 좋겠다. 그 어느 것보다 자신만을 위한 진로가 아닌 '자신을 위한 진로'를 찾게 되고 질문의 무게감보다는 자신만의 질문 발견을 통해 마음의 편안함을 느꼈기를 바란다.

마지막으로 항상 힘이 되어준 가족과
'그냥' 읽어보자라고 이 책을 선택한 독자분들
모든 사람들에게 감사하다는 말을 전한다.

진로송

가사 **조익수**
작곡 **한신희**

미래를 위한 질문과 함께한 친구들

목표와 계획을 세우라는 주위 사람들

사회의 변화로 예측하기 어려워

자신의 기준이 (있다면) 가능하다네

앞으로 나아가기 위한 진로 로드맵

시작하기 위한 나만의 질문으로

앞으로 나아가기 위한 나만의 방법으로

혼자가 아닌 함께. 투게더!

❖ QUESTION TIME ❖

질문타임

초판 1쇄 인쇄 | 2024년 8월 7일
초판 1쇄 발행 | 2024년 8월 20일

지은이 조익수
펴낸이 서주영
펴낸곳 실버버킷
출판등록 2023년 3월 15일(2023-000011호)
전자우편 silver_bucket@naver.com

기획편집 은분작가, 임경미
디자인 강선철(메이데이디자인)

ⓒ 조익수. 2024.
ISBN 979-11-988179-0-7

이 책은 저작권법에 따라 보호받는 저작물이므로 무단 전재와 복제를 금지하며,
이 책 내용의 전부 또는 일부를 이용하려면 반드시 저작권자와 SILVER BUCKET의 서면 동의를 받아야 합니다.

· 잘못된 책은 구입하신 곳에서 바꿔드립니다.